Astrid Süßmuth

111 Orte im Werdenfelser Land, die man gesehen haben muss

111

emons:

Bibliografische Information der Deutschen Nationalbibliothek
Die Deutsche Nationalbibliothek verzeichnet diese Publikation in der Deutschen Nationalbibliografie; detaillierte bibliografische Daten sind im Internet über http://dnb.d-nb.de abrufbar.

Layout: Eva Kraskes, nach einem Konzept
von Lübbeke | Naumann | Thoben
Kartografie: altancicek.design, www.altancicek.de
Kartenbasisinformationen aus Openstreetmap,
© OpenStreetMap-Mitwirkende, ODbL
Druck und Bindung: Hitzegrad Print Medien & Service –
Lensing Druck Gruppe, Feldbachacker 16, 44149 Dortmund
Printed in Germany 2017
ISBN 978-3-7408-0118-2
Originalausgabe

Vorwort

Der Himmel strahlend und blau, saftig grüne Almwiesen im Sommer und glitzernder Tiefschnee im Winter: Das Werdenfelser Land ist eine einzigartige Symbiose von Natur und Kultur vor grandioser Hochgebirgskulisse und idyllischer Voralpenlandschaft.

Werdenfels streng auf das Gebiet der fürstbischöflichen Grafschaft von zuletzt 1803 zu beschränken, wäre zu kleinräumig gefasst. Zu oft haben sich seit dem 13. Jahrhundert die Grenzen verschoben, einst reichte der Einflussbereich der Freisinger Bischöfe bis zum Tiroler Seefeld im Süden und dem Dorf Vorderriß im Osten. Heute steht das Werdenfelser Land vor allem für einen Kulturraum, der vom Brauchtum wie vom Fremdenverkehr gleichermaßen geprägt ist und den gesamten Landkreis Garmisch-Partenkirchen umfasst. Er ist Top-Destination für Sommerfrischler wie Wintersportler, auch weltbekannte Künstler und Literaten wussten schon immer die einzigartige Verbindung von Natur und Kulturlandschaft zu schätzen und hinterließen ihre Spuren. Genauso wie einst Kelten, Römer und Händler aus dem fernen Venedig.

Folgen Sie mir zu faszinierenden Orten im Werdenfelser Land, vom 2.962 Meter hohen Zugspitzgipfel bis hinunter zum niedrigsten Punkt mit 600 Metern über Normalnull im Loisachmoor. Das Werdenfelser Land führt Sie zu Raubrittern und Bergfeen, früher Industriegeschichte und moderner Kunst, vergessenen Heilquellen und glasklaren Badeseen; spannende Geschichten erzählen Ihnen von einem unbekannten und geheimnisvollen Land. Es war mir eine Freude, für Sie die 111 Orte im teilweise hochalpinen und damit manchmal nur schwer zugänglichen Werdenfelser Land zu besuchen, die ich Ihnen in diesem Buch vorstellen darf. Genießen Sie diese 111 neuen Entdeckungen!

111 Orte

1 Der Bayersoiener Seetunnel

Überbleibsel einer klösterlichen Wellnessoase

Klösterliche Askese war so gar nicht das Ding des Ettaler Abts Romanus Schretter. Ihm stand der Sinn mehr nach Jagd und Festen. Erholung fand er in einem mit modernsten Annehmlichkeiten ausgestatteten »Recreation-Center« an den Bayersoiener Seen, der Seeburg. »Geldverschwendung« und »Zeichen eines ungeistlichen Lebensstils« nannte dies der Klosterprior in seinen Beschwerdeschreiben an den Bischof von Freising. Und so wurde Abt Schretter eiligst abgesetzt. Sein Nachfolger verwandelte die Wellnessoase in eine Ritterakademie, aber schon nach knapp 100 Jahren verwüsteten französische Truppen das Gebäude. 1803 wurde es säkularisiert und 1840 an den Großvater des heutigen Hausherrn verkauft. Dieser errichtete auf den Grundmauern den noch immer existierenden Lötschmüllerhof.

Der Hausherr, Josef Maier, ist am Hof aufgewachsen, und wie alle Kinder interessierten ihn Geheimnisse brennend. Zum Beispiel, was sich hinter dem kleinen Tunnelbogen im Keller verbarg. Eine Frage, die ihn so lange umtrieb, bis er 1993 zu Pickel und Spaten griff. Zwei Winter lang schaffte er in Begleitung von Hofkatze Struppi 1.000 Eimer Erdreich nach oben und legte einen 50 Meter langen Tunnel zwischen Keller und Bayersoiener See sowie ein Tunnelstück Richtung des ehemaligen Oberen Sees frei. Mit der Höhe von lediglich 1,40 Meter bei maximal 80 Zentimeter Breite war es offensichtlich kein Fluchtweg. Was dann?

Sherlock Maier löste dieses Geheimnis, indem er ein Rohr zum Oberen See durchstieß: Das nun durchfließende Wasser belegte seine These, dass es sich um einen Abwasserkanal handelte. Abt Romanus Schretter war ein Visionär gewesen und hatte sich ein Plumpsklo mit Wasserspülung einbauen lassen, das an die erste (Bio-)Schilfkläranlage europaweit angeschlossen war. Eine Tatsache, die der Hausherr bei seinen höchst unterhaltsamen Tunnelführungen immer lebhaft ausgeschmückt zum Besten gibt!

Adresse Lötschmüllerhof Familie Maier, Dorfstraße 79, 82435 Bad Bayersoien, Tel. 08845/204, www.ferienhof-maier.de | Anfahrt von der A 95 Ausfahrt Murnau/Kochel über Murnau nach Saulgrub, dort rechts auf B 23 bis Bad Bayersoien; links in die Dorfstraße | Öffnungszeiten Führungen Fr 17.30 Uhr, ab 5 Personen auch nach Vereinbarung; bitte tel. Voranmeldung | Tipp In den Nebengebäuden befindet sich das einzige »Hängende Museum« weltweit, das mit Hunderten akribisch zusammengetragenen Werkzeugen und Haushaltsutensilien einen großen Einblick in das bäuerliche Leben Anfang des 20. Jahrhunderts gibt.

2 Die Sonnenuhren im Kurpark

Erst der Schatten zeigt das Licht

Noch bis Anfang des 19. Jahrhunderts waren Sonnenuhren die am weitesten verbreitete Methode zur Zeitmessung. Zwar nur an schönen Tagen, dafür lebenslang zuverlässig, sobald sie einmal justiert waren. Meist findet man sie als Vertikalsonnenuhr mit ebenem Ziffernblatt und fest montiertem Stundenstab an einer Gebäudewand. Wesentlich interessanter sind jedoch die frei stehenden und variantenreich gestaltbaren Großobjekte zur Zeitmessung. Sie gehören zu den ältesten wissenschaftlichen Instrumenten, und die Kunst ihrer Fertigung wird noch heute in den Meisterschulen des Steinmetzhandwerks gelehrt.

So machte auch der Bayersoiener Steinmetz und Steinbildhauer Karl Kunert Bekanntschaft mit der faszinierenden Welt der Sonnenuhren. Dennoch dauerte es fast 30 Jahre, bis er sich selbst daran wagte, eine Sonnenuhr zu gestalten. Die Aufgabe zog ihn so in den Bann, dass er drei Jahre später bereits drei verschiedene gefertigt hatte. Um sie einem breiten Publikum vorzustellen, überließ der Künstler seine Werke im Jahr 2010 der Gemeinde Bad Bayersoien als Dauerleihgabe zur Aufstellung im Kurpark.

Inzwischen schmücken den kleinen Park sieben unterschiedliche Sonnenuhren, jede einzigartig in Funktionalität und Ausführung. Schlichte Sommerzeitmessung übernimmt das Wagenrad aus rotem Granit mit Peilstab, ideenreich ausgeführt ist die Variante aus Stahl und versteinertem Holz in der Form eines Hackklotzes mit Beil. Eher für fortgeschrittene Sonnenuhrenfreunde ist die Sonnenspinne, deren Zeiger horizontal statt erdachsparallel angeordnet sind und keine Stundenlinien, sondern Stundenkurven erzeugen. Schaustück der Sammlung ist die Globus-Sonnenuhr aus schwarzem Granit von über einem halben Meter Durchmesser, die nicht nur die Ortszeit zu bestimmen vermag, sondern zusätzlich die Besonnung der Polkappen und den Zeitabstand zweier Orte.

Adresse Kirmesauer Straße, 82435 Bad Bayersoien | **Anfahrt** von der A 95 Ausfahrt Murnau/Kochel über Murnau nach Saulgrub, dort rechts auf B 23 bis Bad Bayersoien; links in die Dorfstraße, dann rechts in die Köchelstraße (Kurpark links an der Kreuzung Kirmesauer Straße) | **Tipp** Von der Kriegergedächtniskapelle auf dem Eckbichl oberhalb des Kurparks hat man einen wunderbaren Blick zu den Ammergauer Bergen.

3 Der Moorlehrpfad

Durch das Moor zum Meditationsplatz am See

Vor 10.000 Jahren entstand das Kohlgruber Bergkiefernhochmoor, vor rund 100 Jahren begann der kommerzielle Torfabbau, und vor wenigen Jahren wurde ein Moorlehrpfad eingerichtet. Beginnen wir ganz am Anfang: Nach dem Ende der Würmeiszeit bildeten sich in den ehemaligen Gletscherbecken flache Seen ganz ohne Zu- oder Abfluss; nur Feuchtigkeitsspezialisten wie Schilf oder Seggen konnten dort gedeihen. Abgestorbene Pflanzen tauchten im Wasser unter, wo sie unter Sauerstoffabschluss konserviert wurden und vertorften. Pflanzenschicht um Pflanzenschicht bauten sich so die Moore auf, wie am Rochusfeld bei Bad Kohlgrub. Auf einer Fläche von etwa 25 Hektar – dies entspricht 35 Fußballfeldern – entwickelte sich hier ein Bergkiefernhochmoor, das von einer kräftigen Grasnarbe mit Bleichmoospolstern, Heidekraut und Latschen bedeckt ist. Eine besondere Zusammensetzung von Moorpflanzen, die dem kleinen Dorf zu Füßen der Ammergauer Alpen zu dem Titel »Bad« verhalf.

Der Badebetrieb begann 1871 mit einer »Curanstalt«, die das Wasser der gerade entdeckten Stahlquellen nutzte. Doch schon ein Jahr später wurde die »Curanstalt« nach einem entsprechenden Gutachten in ein Moorbad umgewandelt, das Patienten vor allem zur Linderung und Heilung von Erkrankungen des rheumatischen Formenkreises empfohlen wird. Damals noch von Hand, wird das Moor heute mit Baggern aus den Torfstichen geholt, von Wurzelresten gereinigt und mit heißem Wasser aufbereitet. Wegweisend und ressourcenschonend ist die Nachbereitung der Bäder: Der abgebadete Torf wird wieder zurück in die Torfstiche gebracht!

Seit 2014 ist ein 1,5 Kilometer langer Moorlehrpfad angelegt, der von der Rochuskapelle an der Moorhütte vorbei zu einem Meditationsplatz am Moorsee führt. Entlang des Weges informieren Schautafeln über Entstehung und Bedeutung von Hochmooren und geben einen Einblick in die Geschichte Bad Kohlgrubs.

Adresse St.-Rochus-Straße, 82433 Bad Kohlgrub | **Anfahrt** von der A95 Ausfahrt Murnau/Kochel über Murnau nach Bad Kohlgrub, nach dem Ortszentrum rechts in die St.-Rochus-Straße, Parkmöglichkeit am Friedhof; der Moorlehrpfad beginnt am anderen Ende des Friedhofs links | **Tipp** Der heutige Gemeindefriedhof war 1633/1634 gleichzeitig mit der daneben befindlichen Kapelle, die dem Pestheiligen St. Rochus geweiht ist, als Pestfriedhof angelegt worden. Sehenswert ist die Darstellung der Heiligenlegende auf den Deckenfresken im Kapelleninneren.

4 Das Schatzloch am Hörnle

Auf den Spuren des Venedigermandls

Der Eingang zum Schatzloch ist ein etwa 1,50 Meter hohes Loch im anstehenden Felsen der Laber-Hörnle-Gruppe, er wurde vor Hunderten Jahren von Hand geschlagen. Das ehemalige Kleinbergwerk befindet sich an der Südostflanke des dem Hinteren Hörnle vorgelagerten Stierkopfs. Eigentlich müsste es »Schatzloch am Stierkopf« heißen.

Das Schatzloch ist von besonderem Interesse, weil dort einst eine der bekanntesten Sagengestalten des ganzen Alpenraums in Erscheinung trat: ein seltsamer kleiner Mann mit schwarzem Umhang und einem Dreispitz auf dem Kopf, der aus dem fernen Italien stammte. Venediger nannte er sich. Jedes Frühjahr wieder soll er in Kohlgrub seinen Esel eingestellt haben, um oben am Hörnle im Berg zu arbeiten. Natürlich war er auf der Suche nach Gold oder anderen Schätzen!

Eine Überlieferung mit wahrem Kern. Der Kohlgruber Venediger war wie alle anderen Venedigermandl als hoch spezialisierter Bergmann auf der Suche nach seltenen Mineralien wie Kobalt oder Manganoxid, die für die venezianische Glasherstellung in Murano benötigt wurden. Im Schatzloch am Hörnle könnte er das unter dem deutschen Namen Braunstein bekannte Manganoxid geschürft haben, das als begehrte »Glasmacherseife« Glasschmelzen entfärben konnte, sodass das fertige Produkt durchsichtig wurde.

Heute muss man sich leider damit begnügen, der Spur des Venedigermandls bis zum Stolleneingang zu folgen. Ein Warnschild verbietet das Betreten des verstürzten Bergwerks, da weiterhin Einsturzgefahr besteht. Doch auch von außen ist im Schein einer guten Taschenlampe zu erkennen, dass der knapp einen Meter breite Gang leicht abfallend zehn Meter in den Berg hineinführt und dort in einer kleinen Halle endet. Ein zusätzliches kleines Loch über dem Eingang, das ein bisschen an einen Briefkastenschlitz erinnert, sorgt für eine bessere Ausleuchtung des Stollens.

Adresse Südflanke des Stierkopfs in der Hörnlegruppe, am Waldrand unterhalb der Gipfelwiese bei 82433 Bad Kohlgrub | Anfahrt von der A 95 Ausfahrt Murnau / Kochel über Murnau nach Bad Kohlgrub, dort links in die Badstraße (Ausschilderung »Hörnlebahn«); Parkplatz an der Talstation; den Hörnle-Rundwanderweg in östlicher Richtung zum Hinteren Hörnle, weiter in Richtung »Drei Marken«, der Weg führt unterhalb des Stierkopfs in den Wald, Wegweiser direkt am Waldrand | Öffnungszeiten Nur von außen zu besichtigen; Taschenlampe nicht vergessen! | Tipp Ein Bild des Venedigers vom Schatzloch befindet sich in Bad Kohlgrub auf der Fassade des Hauses Hauptstraße 12.

5 Der Eschenloher Tunnel

Tarnname »Ente«: von Olympia zum Rüstungsbetrieb

Anlass für den Ausbau der »Reichsstraße 2« von München nach Garmisch, infolge derer das Eschenloher Vestbichel untertunnelt wurde, waren die Olympischen Spiele 1936. Die Zeitungen berichteten begeistert über die Eröffnung von »Olympiastraße« und zweiteiligem Eschenloher Olympiatunnel. Zu den Feierlichkeiten gehörte auch eine Kolonnenfahrt von München nach Garmisch-Partenkirchen.

Keine acht Jahre später aber waren die Tunnel im März 1944 für den Verkehr wieder gesperrt. Im Zuge der »U-Verlagerung« kriegswichtiger Fabriken unter Tage entstand dort eine Produktionsstätte für Flugzeugteile. Derlei kriegswichtige Bauvorhaben erhielten Tarnnamen, die Verkehrstunnel benannte man nach Vögeln. So wurde der Eschenloher Tunnel zur »Ente«. Auf etwa 6.000 Quadratmetern ließen die Firmen Messerschmitt AG und WMF/Rubin hier Dreh- und Frästeile für die Jagdflugzeuge Bf 109 und Me 262 produzieren. Die Belegschaft bestand aus rund 1.100 Zwangsarbeitern und Kriegsgefangenen aus zehn Nationen, vor allem aus Russland. Männer, Frauen und Kinder hausten unter erbärmlichen Umständen in Baracken entlang der Höllensteinstraße, viele sahen ihre Heimat nie wieder. Erst im Oktober 2012 wurde gegenüber dem Friedhof ein Gedenkstein eingeweiht.

Beim Durchfahren des nördlichen Tunnels fallen gleich die schweren Eisentore ins Auge, auf halber Tunnelhöhe klaffen große, offene Betonhöhlen, die zu tieferen Bunkerräumen führen. Nicht mehr zu erkennen sind die Baubaracken und die Kantine zwischen den beiden Tunneln. Gut erhalten ist dagegen der unter dem Namen »Fledermausstollen« bekannte Luftschutzbunker westlich des großen Olympiatunnels, der Teil des Natur-Erlebnis-Pfads Eschenlohe ist.

Hätte Garmisch-Partenkirchen den Zuschlag für Olympia 2018 bekommen, wäre dies aufgrund umfassender Straßenverlegungen das Ende des Eschenloher Olympiatunnels gewesen.

Adresse B 2, 82438 Eschenlohe | **Anfahrt** A 95 Ausfahrt Eschenlohe, dort in die Höllensteinstraße, Parkplatz hinter dem Neuen Friedhof; zu Fuß zurück auf die Höllensteinstraße, nach der Unterführung rechts in die Ethentalstraße, vom anschließenden Feldweg Aussicht auf den Olympiatunnel; am Waldrand entlang um den Vestbichel bis zum Eingang des Fledermausstollens | **Öffnungszeiten** Der Fledermausstollen ist fußläufig zugänglich. | **Tipp** Über den Vestbichel führt ein 3,2 Kilometer langer Natur-Erlebnis-Pfad, auf dem man bis zur aussichtsreichen Kapelle St. Nikolaus hinaufsteigen kann. Anfang und Endpunkt sind am Parkplatz beim Friedhof.

6 Die Gachentodklamm

Ist hier der Nazi-Schatz versteckt?

Gar Unglaubliches soll sich in der Gachentodklamm im Eschenlainetal zwischen Eschenlohe und dem Walchensee befinden: ein Teil des seit Kriegsende vermissten Nazi-Schatzes. Von Berlin aus war unter strengster Geheimhaltung Ende April 1945 ein Transportkonvoi der Reichsbank in Richtung Mittenwald aufgebrochen. Dort wurden die Wertgegenstände zum Weitertransport in ihr endgültiges Versteck am Walchensee umgeladen. Detaillierte Aufzeichnungen der Reichsbank erleichterten es den Militärs der US-Armee, im Juni 1945 das Versteck aufzufinden. Aber: Zwischen Fund und Aufzeichnungen der Reichsbank klaffte eine Diskrepanz von mindestens drei Tonnen Gold. Wo ist es geblieben? Eine Spur führt in das Eschenlainetal, in das sich nach Zeitzeugenberichten einige Offiziere des Reichsbanktransports mitsamt schwer beladenen Mulis abgesetzt hatten. Auf Höhe einer Klamm sollen sie auf eine Gruppe junger Soldaten gestoßen sein, die eine Panzerfaust mit sich führten. Tatsächlich befindet sich an der Klamm das Marterl eines am 29. April 1945 im Alter von 16 Jahren gefallenen Soldaten. War der Goldtransport auf Deserteure getroffen, oder musste der Junge sterben, weil er zu viel gesehen hatte? Wurde infolge eines Kampfes vielleicht etwas in die Klamm geworfen?

Im Herbst 2012 unternahm eine mehrköpfige Tauchergruppe eine Erkundungsexkursion, auf der sie in den bis zu fünf Meter tiefen Gumpen tatsächlich fündig wurde. Es war aber kein Gold, das sie zutage förderten, es waren Teile alter Karabiner und Gewehre sowie das Rohr einer Panzerfaust. Somit ist zumindest dieser Teil der Geschichte bewiesen.

Wo der Schatz ist, ist bis heute unbekannt. Von lebensgefährlichen Nachforschungen in der Gachentodklamm – einer Klamm, die so »gach« (hochdeutsch »jäh«) ist, dass der Tod droht – wird strikt abgeraten, der Blick von der Klammbrücke in über 80 Meter Tiefe ist Nervenkitzel genug.

Adresse Eschenlainetal, 82438 Eschenlohe | **Anfahrt** A 95 Ausfahrt Eschenlohe, in Eschenlohe über die Loisachbrücke und durch die Walchenseestraße zum Parkplatz Eschenlainetal, auf der Forststraße Richtung Walchensee, nach einer Furtdurchquerung circa drei Kilometer bis zur Klammbrücke (Die Klamm selbst kann nicht begangen werden – Lebensgefahr!) | **Tipp** Es bietet sich an, den Ausflug in das Eschenlainetal mit dem Rad zu unternehmen und bis zum Walchensee zu verlängern, der an heißen Sommertagen zu einem kühlen Bad einlädt.

7 Der Kaspar-Schisler-Weg

Wie die Pest nach Oberammergau gelangte

Es waren dunkle Tage im Juni des Jahres 1633, als das schwedische Heer plündernd durch das Ammertal zog und die gesamte Region systematisch verwüstete. Und es sollte noch schlimmer kommen. Besser war es bisher dem Loisachtal ergangen, dort konnte die Ernte noch eingebracht werden. Kleinbauern und Handwerker aus dem stärker getroffenen Ammergau verdingten sich als Taglöhner. Doch auch hier hatte die Bevölkerung zu lange Hunger gelitten, um einer neuen Bedrohung etwas entgegenzusetzen. Bald loderten die ersten Pestfeuer, in denen die Opfer des Schwarzen Todes möglichst schnell verbrannt wurden, um weitere Ansteckungen zu verhindern. Der Pestvogt von Oberammergau ordnete daraufhin die Abriegelung des Ammertals an und ließ Wachen aufstellen.

Was nun geschah, ist Legende. Wie viele seiner Nachbarn war der Oberammergauer Holzschnitzer Kaspar Schisler als Tagelöhner nach Eschenlohe gegangen. Zur Kirchweih im Oktober des Jahres 1633 aber habe er solch Heimweh nach Frau und Kindern verspürt, dass er auf versteckten Wegen nach Hause schlich. Doch er trug die Krankheit schon in sich. Kaspar Schisler war der erste Pesttote Oberammergaus, 84 Dörfler folgten ihm. Erst mit dem Oberammergauer Passionsgelöbnis endete das Sterben (siehe Ort 87). Die Überlieferung birgt Ungereimtheiten: Im Sterberegister Oberammergaus sind für Oktober 1633 nur zwei Todesfälle verzeichnet, ein Kaspar Schisler findet sich weder in diesem noch in einem anderen Monat. Zudem wurde bis 1866 in Altbayern Kirchweih in der Regel zum Patrozinium der Kirche gefeiert, das heißt, bei der Oberammergauer Kirche St. Peter und Paul fiele das alte Kirchweihfest auf Ende Juni statt Oktober.

Sicher ist der Weg, den die Seuche genommen hat. Vom Dorf Eschenlohe führt er über den Ammertalgraben und Bärenbadflecken hinüber ins Lainental. Dort, am oberen Ortsende, soll sich das Haus der Schislers befunden haben.

Adresse zwischen Eschenlohe und Oberammergau, Beginn des Weges beim Kriegerdenkmal am Neuen Friedhof in 82438 Eschenlohe | **Anfahrt** A 95 Ausfahrt Eschenlohe, dort links in die Höllensteinstraße, Parkplatz hinter dem Neuen Friedhof; zur Unterführung der A 95, weiter an der Straße nach Schwaigen und nach 1.200 Metern links nach Plaiken; nach dem Weiler führt die Forststraße in den Wald in südlicher Richtung zum Bärenbadflecken und von dort hinab nach Oberammergau | **Tipp** 500 Meter westlich der Abzweigung von der Schwaigener Straße nach Plaiken liegt der Weiler Apfelbichel mit seiner malerischen Kapelle aus dem frühen 19. Jahrhundert, eines der schönsten Fotomotive rund um Eschenlohe.

8 Die Ochsenzucht

Wo man das Murnau-Werdenfelser-Rind trifft

Robust von den trittsicheren Klauen bis zu den schwarz bespitzten Hörnern, ist das Murnau-Werdenfelser-Rind in jedem Lebensstadium ein Gewinn. So hieß es zumindest Ende des 19. Jahrhunderts im ganzen bayerischen Voralpenland. Die Vorzüge dieser Rinderrasse waren überzeugend: ein genügsames Dreinutzungsrind, das nicht nur Milch und Fleisch lieferte, sondern auch beste Arbeit als Zugochse in Feld- und Waldwirtschaft tat. Bei einer Viehzählung 1896 wurden rund 62.000 Murnau-Werdenfelser-Rinder in Bayern erfasst, doch die Tage der regionalen Zuchtrasse waren mit dem zunehmenden Einsatz von landwirtschaftlichen Maschinen gezählt. Im Vergleich zu neuen Hochleistungs-Rinderrassen erschienen vielen Landwirten die Erträge der Berglandrasse zu gering. 2006 war der Bestand auf nur noch 160 reinrassige Tiere gesunken. Die Bedeutung der Murnau-Werdenfelser als eine der ältesten Rinderrassen der Welt wurde lange verkannt.

Einen neuen Impuls bekam die Zucht der aussterbenden Rasse durch die Slow-Food-Bewegung. Der Fleischgeschmack der kleinen Rinder – im Vergleich zum gängigen Bayerischen Fleckvieh mit 600 bis 800 Kilogramm wiegen Murnau-Werdenfelser Kühe rund 200 Kilo weniger – ist außergewöhnlich aromatisch, die Milch durch beste Eigenschaften für die Verkäsung zu regionalen Spezialitäten wie Weißlacker-Käse hervorragend geeignet.

Noch ist die Rasse nicht gerettet, dank des großen Engagements von Züchtern, Landwirten und gemeinnützigen Institutionen konnte der Bestand aber wieder auf über 1.500 Tiere anwachsen. Vor allem werden heute Ochsen für die feine Küche gezüchtet. Wie auf dem Hof der Familie Steigenberger, die zu den Vorreitern der Wiederentdeckung der Tierrasse gehörte. Seit über 30 Jahren züchten sie reinrassige Murnau-Werdenfelser. Um die 40 Ochsen bevölkern die weitläufigen Weidegründe rund um den altehrwürdigen Gutshof.

Adresse Gut Weghaus, Weghaus 1, 82438 Eschenlohe | **Anfahrt** A 95 Ausfahrt Eschenlohe, auf B 2 in nördliche Richtung, nach circa zwei Kilometern links zum Gut | **Öffnungszeiten** Tagsüber stehen die Ochsen immer auf den Weiden rund um den Gutshof. | **Tipp** Gut Weghaus war in früheren Jahrhunderten die Zollstation zwischen Bayern und Werdenfels, das heutige Gutshaus stammt aus dem 18. Jahrhundert. Sehenswert ist die Sonnenuhr an der Stirnseite des Gebäudes.

9 Das Seilbahnmuseum

Andenken an das Hartsteinwerk Werdenfels

Das Murnauer Moos entstand nach dem Ende der Würmeiszeit vor etwa 10.000 Jahren, die »Moosköchel« genannten Hügel innerhalb des Moores sind aber wesentlich älter. Sie entstanden bereits bei der Faltung der Alpen als höckerartige Erhebungen kreidezeitlicher Meeresablagerungen. Aufgrund ihres extrem harten Gesteins, einer Mischung aus Quarz, Kalk und Glaukonit – Glaukoquarz genannt –, trotzten sie in der Folge allen Gletschervorstößen. Erst der Mensch sollte sie sprengen.

Schon im 19. Jahrhundert erkannte man die besondere Güte des Glaukoquarzes aus dem Murnauer Moos. 1927 nahm das Hartsteinwerk Werdenfels am Langen Köchel seinen Betrieb auf. Den Transport des als Gleisschotter dringend zum Ausbau des deutschen Bahnnetzes benötigten Gesteins durch das Moos zur Entladestation an der Olympiastraße bei Eschenlohe vereinfachte ab 1930 eine vier Kilometer lange Materialseilbahn. Die Olympiastraße wurde mit einer Schutzbrücke überquert, die 1972 fertiggestellte Autobahn A 95 mit einem Tunnel unterquert. Während das Hartsteinwerk florierte, tat die Materialseilbahn nahezu störungsfrei ihren Dienst. Noch in den 1990er Jahren verkehrten 110 hellgrüne Seilbahnwagen. Nicht einmal Kammersprengungen mit bis zu 15 Tonnen Dynamit, die seismologisch in Paris und Uppsala gemessen werden konnten, störten den Betrieb.

Ende des 20. Jahrhunderts war der Steinbruch erschöpft, das Murnauer Moos als Naturschutzgebiet ausgewiesen. Als Folge stellte das Hartsteinwerk Werdenfels im Dezember 2000 seinen Betrieb ein, alle Betriebseinrichtungen wie Kantine, Sieb- und Verladestation wurden zurückgebaut – bis auf ein kleines Stückchen Seilbahn.

Unter Federführung des Geschichtsvereins Eschenlohe entstand in der Seilbahnunterführung der A 95 ein kleines Seilbahnmuseum, in dem Materialwägen verschiedener Epochen an die Zeiten der Schottergewinnung erinnern.

Adresse unter der Autobahnunterführung nördlich von 82438 Eschenlohe | Anfahrt A 95 Ausfahrt Eschenlohe, auf B 2 in nördliche Richtung abbiegen, nach 1,2 Kilometern rechts in einen Feldweg (Beschilderung »Dauerausstellung zur Geschichte des Hartsteinwerks Werdenfels«) und diesem folgen | Öffnungszeiten immer geöffnet | Tipp In der geologischen Sammlung des Schlossmuseums Murnau befindet sich der Bericht über den Fund eines original Werdenfelser Bernsteins aus dem Hartsteinwerk Werdenfels (Schlosshof 2–5, www.schlossmuseum-murnau.de). Der Stein selbst ist leider nicht zu sehen, er ist nach wie vor im Besitz des Finders.

10 Auf der Friederalm

Wo die Filmdiva mit dem Wilderer …

Ein Filmstar ist schön – und ein Wilderer schneidig, das ist landläufig bekannt. Treffen zwei exponierte Vertreter der jeweiligen Spezies aufeinander, verspricht das Ergebnis interessant zu werden.

Heute fast vergessen, war Henny Porten einer der schillerndsten Stars der Stummfilmzeit. Sie gilt als erste Filmdiva überhaupt. Anfang der 1920er Jahre zog Henny Porten nach Partenkirchen, wo sie als Ikone verehrt wurde. Dagegen wirkte der Wilderer Neff Bebbi eher im Verborgenen. Mit rucksacktauglich auseinanderschraubbarem Stutzen und viel Mut ausgestattet, gehörte er zu denjenigen, die verwegen genug waren, den Gamsen im Hochgebirge nachzusteigen. Bergerfahrung und gutes Aussehen trugen ihm alsbald einige Neben- und Stuntrollen in Bergfilmproduktionen der UVA ein, wobei er den Filmstar kennenlernte. Und so hingerissen er von der schönen Frau war, so fasziniert war sie von der Halbweltsmentalität des Wildschützen. Es wurde verabredet, gemeinsam mit dem Wachter Jörgl am Frieder auf die Pirsch zu gehen, wo besonders viele Gamsen stehen. Während des ganzen Anstiegs schwärmte der Bebbi von der besonderen Wirkung frischen Gamsblutes: Es würde so »gamsig« machen wie kein anderes Aphrodisiakum! Die Porten war so beeindruckt, dass sie sogleich einen guten Schluck frischen Blutes des erlegten Gamsbocks trank. Bedauerlicherweise musste sich die Dame sofort übergeben. Aber die erhoffte Wirkung trat wohl doch noch ein, Filmstar und Wilderer sollen sich kurz nach dem kleinen Zwischenfall über Stunden auf der Friederalm eingesperrt haben.

Der Wachter Jörgl war kurz davor, dem Neff die Freundschaft zu kündigen. Schließlich musste er mit dem toten Bock draußen warten.

Heute ist die Friederalm ein beschaulicher Ort, auf der Sonnenbank vor der Almhütte lässt es sich wunderbar mit Zugspitzblick brotzeiten – leider ohne schneidige Wilderer im Visier.

Adresse Südostflanke unterhalb der Friederspitze auf 1.653 Metern, 82488 Ettal-Elmau | **Anfahrt** von Garmisch-Partenkirchen auf der B 23 nach Griesen, von dort auf der Elmaustraße zur Rotmoosalm, linker Hand führt ein schöner Waldsteig zur Friederalm | **Öffnungszeiten** nur von außen zu besichtigen – beste Jahreszeit ist Anfang Juni bis zum ersten Schneefall | **Tipp** Die Forststraße von Griesen zur Rotmoosalm kann auch mit einem geländetauglichen Fahrrad befahren werden.

11 Die Gertrudiskapelle

Meditationsort im Zeichen des flammenden Herzens

Etwas außerhalb der Ortschaft Graswang steht die Gertrudiskapelle. Sie wurde 1694 vom Kloster Ettal unter Abt Romuald Haimblinger gegründet, der sich mit den Buchstaben RHZE (Romualdus Haimblingerus Abbas Zaenobbii Ettalensis) über der Kapellentür verewigte. Ebenso erstaunlich wie das Patrozinium einer weiblichen Heiligen, noch dazu einer Zisterzienserin, für die Kapelle eines Benediktinerklosters erscheint der eher unspektakuläre Standort.

Gertrud von Helfta (1256–1302), eine der großen Frauenmystikerinnen im Hochmittelalter, war als fünfjähriges Waisenkind in ein Zisterzienserinnenkloster aufgenommen worden. Einen Orden, der für Klosterneugründungen stets Orte fernab der Zivilisation wählte. Orte, die eine mystische Versenkung durch die Kraft der unberührten Natur erleichtern sollten. Häufig befinden sich Zisterzienserklöster in Flussschleifen und haben sechseckige Bauwerke als Zentrum. Die kleine Gertrudiskapelle im noch heute weitgehend naturbelassenen Graswangtal hat einen solchen sechseckigen Grundriss und liegt in einer Schleife der Linder.

Ein Blick auf die Landkarte zeigt, dass die Kapelle exakt westlich der Ettaler Klosterkirche steht, also genau im (gedachten) Blickfeld der Ettaler Gnadenmadonna in der zwölfeckigen Klosterbasilika. Entgegen aller Konventionen liegt der Altar im Westen. In der sakralen Baukunst der gotischen Epoche sollten die sechs- wie zwölfeckigen Grundrisse der Räume eine besondere Mystik erzeugen. War beabsichtigt, mit der Gertrudiskapelle für das Kloster Ettal einen Raum zur Kontemplation zu schaffen und zwischen beiden Gotteshäusern einen spirituellen Bezug aufzubauen?

Als Station des Meditationswegs Ammergauer Alpen, dessen Symbol des brennenden Herzens gleichzeitig das Attribut der heiligen Gertrudis ist, bietet die kleine Kapelle einen Ort des Innehaltens und der Meditation.

Adresse Dickelschwaig, 82488 Ettal-Graswang | **Anfahrt** vom Autobahnende A 95 über Oberau nach Ettal, hinter Ettal links (Schild »Linderhof«), bis zum Ortsanfang von Graswang fahren; direkt am Ortsschild links zur Kapelle (Weg für Autos gesperrt) | **Öffnungszeiten** nur von außen zu besichtigen | **Tipp** Eine weitere Kapelle des Klosters Ettal war die 1755 mit einem ovalen Grundriss erbaute St.-Johannes-Nepomuk-Kapelle am Ortsrand von Ettal. Sie wurde im Zuge der Säkularisation 1802 enteignet und in ein Ökonomiegebäude umgewandelt (Ammergauer Straße 35).

12 Die Hundinghütte

Vom König errichtet, vom Forstmeister niedergebrannt

König Ludwig II. ließ sich mehrfach Szenerien aus Wagneropern nachbilden, wie den Sängersaal in Neuschwanstein oder die Venusgrotte in Linderhof. Die Hundinghütte im hinteren Graswangtal war einer Szene aus dem ersten Aufzug der Oper »Die Walküre« nachempfunden: Der Held Siegmund findet ein Nachtlager in der Hütte des Fürsten Hunding, die rund um eine mächtige Esche erbaut ist. In den Baumstamm hat einst ein geheimnisvoller Fremder ein Schwert hineingestoßen; nur ein Auserwählter soll es wieder herausziehen können. Siegmund zieht das Schwert … und zeugt mit Hundings Frau – pikanterweise seine eigene Schwester – den späteren Helden Siegfried.

Was aber tat Ludwig in der abgeschiedenen Hütte, die er 1876 sieben Kilometer von Schloss Linderhof entfernt hatte errichten lassen? Manche Chronisten berichten von altgermanischen Metgelagen, die der König dort mit Reitknechten auf Bärenfellen feierte. Gemäß Luise von Kobell (Tochter des Volksschriftstellers Franz von Kobell und Frau von Ludwigs Hofsekretär August von Eisenhart) genoss es der König, dort stundenlang zu lesen. Wie in der Szenenbeschreibung Wagners gab es auch im Graswangtal einen zentralen Baum, eine Buche, deren Stamm mit Eschenrinde verkleidet war.

Heute erinnert nur noch ein Fundament an das Waldrefugium. Nach einem Brand durch Blitzschlag im Dezember 1884, noch zu Lebzeiten des Königs, wurde die Hütte umgehend wieder aufgebaut – nachdem sie am 9. April 1945 abermals abgebrannt war, waren für einen Wiederaufbau keinerlei Mittel vorhanden. Forstmeister Viktor Hacker aus dem Graswangtal, Kopf der Widerstandsgruppe »Auerhahn«, hatte nach eigener Aussage die Hütte in Brand gesteckt, um dort in den letzten Kriegstagen die Errichtung eines SS-Stützpunkts als Teil der geplanten Alpenfestung zu verhindern. Neun Jahre später wird Hacker wegen dieser Brandstiftung zu einem Jahr Gefängnis verurteilt werden.

Adresse südlich der ST 2060 im Graswangtal unterhalb der Kreuzspitze, 82488 Ettal-Graswang | **Anfahrt** vom Autobahnende A 95 über Oberau nach Ettal, hinter Ettal links (Schild »Linderhof«) bis zum Parkplatz an der österreichischen Grenze; von dort Beschilderung »Kreuzspitze« über das Schotterbett des Neualmbachs folgen und die Uferböschung hinaufgehen; Reste der Hundinghütte nach 500 Metern rechts des Weges | **Tipp** 1990 wurde die Hundinghütte doch wieder aufgebaut, der Neubau befindet sich aber nicht am ursprünglichen Standort, sondern im Schlosspark von Linderhof.

13 Auf den Reschbergwiesen

Wo die Schauspielerin Conny Glogger rezitiert

Ganz friedlich liegen die Reschbergwiesen in einem kleinen Tal am Kramermassiv. Nur selten kommen Wanderer hierher, obwohl die Wiesen als wahres Blumenparadies gelten. Im Frühjahr blühen Enzian, Schlüsselblumen und Mehlprimeln um die Wette; im Herbst dagegen sind die Wiesen oft in silbernem Morgennebel versunken. So lange, bis ihn die ersten Sonnenstrahlen verjagen.

Dies ist die Zeit, in der die bekannte Volksschauspielerin und Radiomoderatorin Conny Glogger am liebsten heraufkommt, wie schon als kleines Mädchen, damals meist in Begleitung ihres Opas zum Schwammerlsuchen (das Naturschutzgebiet Ammergebirge gab es noch nicht). Heute hat Conny Glogger anderes im Sinn, wenn sie die Reschbergwiesen ansteuert. Sie ist auf der Suche nach Ruhe und Inspiration.

Schon für ihre ersten Fernsehrollen in den »Weißblauen Geschichten« an der Seite von Gustl Bayrhammer, im Komödienstadl oder später im Tatort und auf der Bühne des Münchner Volkstheaters kam sie hierher, um Texte zu lernen und ihre Rollen einzustudieren. Sie sucht sich ein ruhiges Plätzchen auf den Wiesen, an dem sie ungestört proben kann. Begleitet wird sie fast immer von einem ganz besonderen Accessoire: einem Hut, den ihr der unvergessene Ludwig Schmid-Wildy, über den sie ihre Magisterarbeit im Fach Theaterwissenschaften an der Ludwig-Maximilian-Universität München geschrieben hatte, geschenkt hat.

So auch an dem schönen Herbsttag vor nicht allzu langer Zeit, an dem sie die Rolle der Carmen für die »Opern auf Bayrisch« einstudierte. »Do host dein Ring. Woaßt, was des hoaßt? Dass jetzad aus is mit uns zwoa! Verschwind und lass mi jetz alloa!«, deklamierte die Schauspielerin gerade mit fester Bühnenstimme – und blickte urplötzlich in das zu Tode erschrockene Gesicht eines völlig unbeteiligten Spaziergängers. Unvergesslich für beide, genauso wie die Premiere des Stückes wenige Wochen später.

Adresse bei 82490 Farchant | Anfahrt A 95 Autobahnende Eschenlohe, in Garmisch-Partenkirchen auf die B 23 Richtung Ehrwald, rechts in die Thomas-Knorr-Straße, weiter zum Parkplatz am Pflegersee; dort der Forststraße zu den Reschbergwiesen folgen | Tipp Im Sommer lädt ein kleines Naturbad am idyllischen Pflegersee zum Baden ein.

14 Der Gedenkstein

Erinnerung an den blutigen Spanischen Erbfolgekrieg

Bereits im Dreißigjährigen Krieg galt das Farchanter Moos als mögliches Einfallstor für feindliche Truppen ins Werdenfelser Land. Auf Befehl der Freisinger Landesherren wurde deswegen nördlich des Grenzübergangs nach Kurbayern am Steinernen Brückl eine rund 500 Meter lange Schanzanlage mit Wassergräben errichtet. Als rund 70 Jahre später der Spanische Erbfolgekrieg ausbrach, ließ der bayerische Kurfürst Max Emanuel II. eine zusätzliche Schanzanlage quer durch das gesamte Loisachtal zwischen Steinernem Brückl im Westen und der Röhrlenwand im Osten am Estergebirge erbauen, um Bayern nach Süden zu befestigen. Trotzdem wurde das neutrale Werdenfelser Land dahinter im Kriegsverlauf erst von den Kurbayerischen überrannt und geplündert, dann von den Tiroler Truppen besetzt.

Seiner Bewährungsprobe als Grenzsicherung Bayerns wurde der Schutzwall am Morgen des 27. August 1708 mit einem Beschuss durch eine Batterie siebenpfündiger Kanonen unterzogen, der wie erhofft wirkungslos blieb. Erst als der Tiroler Landsturm in bewährter Kampftechnik die Berge zu beiden Talseiten erklomm und die bayerischen Verbände von allen Seiten beschoss, wendete sich das Blatt. Die Tiroler Übermacht von 8.000 zu 900 Mann war kampfentscheidend. Nach vier Stunden hatten 44 Bayern den Tod gefunden, und 143 waren in Gefangenschaft geraten – die viele ebenfalls nicht überlebten. Es war die größte Schlacht, die jemals im Loisachtal geschlagen wurde.

300 Jahre später errichteten der Farchanter und der Oberauer Veteranen- und Kriegerverein gemeinsam einen über drei Meter hohen Granitstein zum Gedenken an die Schlacht. Da das Steinerne Brückl über den Ronnetsbach jedoch 1935 für den Bau der Olympiastraße abgerissen worden war und der Ort durch die Bundesstraße B 2 schlecht zugänglich ist, einigte man sich auf den Standort am Röhrlenbach im weiteren Verlauf der Schanzanlage.

Adresse Schanzanlagen am Röhrlenbach bei 82490 Farchant | **Anfahrt** vom Autobahnende A 95 nach Oberau, in der Ortsmitte links in die Flößerstraße, Parkmöglichkeit an der Loisachbrücke; zu Fuß oder mit dem Rad auf dem Wanderweg in südliche Richtung (Beschilderung »Farchant«); circa einen Kilometer bis zum Rande des Golfplatzes | **Tipp** Ein besonders gut erhaltenes Schanzenstück befindet sich auf dem Gelände des Golfplatzes hinter dem Gedenkstein.

15 Das Spielleitenköpfl

Brandopferplatz und heilige Quelle

Das Spielleitenköpfl bei Farchant ist ein Ensemble mehrerer Landschaftselemente, die wohl jedes für sich von den Menschen vor 3.000 Jahren als »Heiliger Ort« bezeichnet worden wären.

Gleich hinter dem Spielplatz befindet sich die erste geologische Besonderheit: Die Schichtstufen des anstehenden Plattenkalks wirken wie ein verstürztes Amphitheater aus grauer Vorzeit. Direkt daneben steht eine hohle Buche mit Madonna, Kreuz und jahreszeitlichem Schmuck in ihrer Baumhöhle. Es ist ein Ort, der offensichtlich verehrt wird, genauso wie die schöne Spielleitenquelle, aus der kristallklares Wasser entspringt. So wie alles Leben aus dem Wasser kommt, hieß es einst, die Kinder würden von einer Erdengöttin (ähnlich Frau Holle) aus den Quellen auf die Erde gebracht. Als Wohnstatt der Urmutter galten alle Arten von Höhlen. Tatsächlich befindet sich am Spielleitenköpfl 150 Meter südlich der Quelle eine Höhle. Sie kann aber nur mit der Spezialausrüstung von Höhlenforschern erkundet werden.

Der bedeutendste Ort am Spielleitenköpfl ist sein Gipfelplateau. 1993 fand dort ein Spaziergänger zufällig Bronzegussteile und Keramikscherben, die von der Münchner Ludwig-Maximilians-Universität in die jüngere Hallstattzeit datiert wurden.

Vermutlich sind die Menschen wegen einer topografischen Besonderheit auf das Spielleitenköpfl aufmerksam geworden: Blickt man vom Gipfel über das Loisachtal, geht dort am 21. Juni zur Sommersonnwende exakt zwischen Bischof und Fricken die Sonne auf. Auf einem Steinaltar und in kleinen, gemauerten Gruben wurden hier einst vor allem Metallobjekte geopfert, die einen Bezug zur Sonne hatten.

Daneben scheint der Ort vor allem für gemeinsame Kultmahlzeiten oder Festmähler genutzt worden zu sein, wie das Verhältnis von verbrannten (geopferten) und unverbrannten (verspeisten) Tierknochen erkennen lässt.

Adresse Spielleitenweg, 82490 Farchant | Anfahrt vom Autobahnende A 95 nach Farchant, in der Ortsmitte rechts in den Gernweg zum Spielleitenweg, Parkplätze entlang der Straße; zu Fuß zum Spielplatz, dann Steig links zur Spielleitenquelle; weiter bis zu einer Kreuzung, dort halbrechts auf einem jetzt breiteren Weg absteigen, circa 250 Meter zur Aussichtsbank, vor der ein Trampelpfad zur Kuppe des Spielleitenköpfls führt | Tipp Am Maibaum in der Farchanter Dorfmitte befindet sich die lebensgroße Bronzeskulptur einer typischen Farchanter Bäuerin beim Waschtag am Dorfplatz.

16_Das Allermannsharnisch-Refugium

Botanische Rarität in königlicher Lage

Alpenpflanzen gehören zu den schönsten Blumen, die in unseren Breiten gedeihen. Doch sie sind nicht nur bunt und hübsch, durch ihren Wuchsort in großen Höhen sind sie auch besonders reich an sekundären Pflanzenstoffen, was sie zu besonders wirksamen Heilpflanzen macht.

Zu den begehrtesten Alpenheilpflanzen gehört der Allermannsharnisch (Allium victorialis), eine Lauchart, deren seltsamer Name wörtlich »eine Rüstung für jedermann« bedeutet. In einer der ältesten erhaltenen Handschriften über heimische Heilpflanzen aus dem 16. Jahrhundert lobt der Autor die »Sigwurtz« als »gewaltige Heilpflanze« gegen alle Arten von Verletzungen und bösen Zauber. Tatsächlich verkaufte das Berliner Kaufhaus Wertheim noch im 20. Jahrhundert für 2,25 Mark Medaillons mit Stückchen von Allermannsharnischwurzeln, die dem Besitzer »Glück, Reichtümer, Liebe und Gesundheit« verleihen sollten. Besonders dem kettenhemdartigen Überzug der Wurzel werden übersinnliche Kräfte nachgesagt. Phytotherapeutisch wird der Allermannsharnisch aufgrund seiner cholesterinsenkenden Wirkung zur Vorbeugung von Thrombosen eingesetzt, von der Wurzel abgelöste innere Wurzelnetzhäute werden wie Gaze auf Wunden aufgelegt und stillen Blutungen.

Bei dieser breiten Verwendbarkeit ist es kaum verwunderlich, dass die auffallende Alpenpflanze durch Wildsammlungen in ihrem Bestand stark dezimiert wurde. Sie kann tatsächlich nur in den Bergen gedeihen, unter einer Höhe von etwa 1.200 Metern wächst sie nur kümmerlich. Eines der letzten Refugien des Allermannsharnischs in den Bayerischen Alpen ist rund um das Schachenschloss des Märchenkönigs Ludwig II. im Wettersteingebirge. Wohin sich einst der menschenscheue Monarch in die Bergeinsamkeit zurückgezogen hat, hat sich scheinbar auch der Allermannsharnisch geflüchtet.

Adresse am Schachen, 82467 Garmisch-Partenkirchen | **Anfahrt** A 95 Ausfahrt Eschenlohe, von Garmisch-Partenkirchen auf der B 2 Richtung Mittenwald bis zur Abzweigung Klais, am Bahnübergang rechts und über die Mautstraße nach Elmau, vom Wanderparkplatz hinter Schloss Elmau über den königlichen Reitweg auf den Schachen | **Öffnungszeiten** Blütezeit Mitte Juni–Anfang Aug. | **Tipp** Noch mehr Alpenblumen wachsen im »Alpengarten am Schachen«, einer Außenstelle des Botanischen Gartens München (geöffnet Mitte Juni – Anfang Sept. täglich 8 – 17 Uhr, www.botmuc.de/de/garten/schachen_alpengarten.html).

17 Die Alphornschule

Wo der Alphornengel im Wind weht

Obwohl das Alphorn in seiner Ursprungsform zu den ältesten Musikinstrumenten der Menschheitsgeschichte gehört und es ein Markenzeichen der Berge ist, gibt es im Alpenraum nur eine Handvoll Alphornlehrer. Ausgerechnet eine Frau, die studierte Orchestermusikerin Elisabeth Heilmann-Reimche, hat im Werdenfelser Land diese Männerbastion gestürmt. Bereits 1997 gründete sie die »Original Werdenfelser Alphornbläserinnen«, in der 20 Frauen zwischen 9 und 70 Jahren organisiert sind. Ein beeindruckender Anblick, wenn die gesamte Truppe in ihrer blau-roten Dirndltracht mit den exakt 3,68 Meter langen Alphörnern aufmarschiert: Frauenpower pur.

Die Alphornkurse gibt Elisabeth Heilmann-Reimche aber natürlich nicht nur für Frauen, hier dürfen auch Männer ihre Lungenkraft erproben. Egal welchen Alters, wie die erfahrene Musikerin betont. Ein Kompaktkurs, um die Grundlagen des Alphornblasens zu erlernen, dauert drei Tage, in denen jeweils zwischen zwei und drei Stunden lang geblasen wird. Wer Vorkenntnisse im Flöten- oder Trompetenspiel hat, tut sich zwar leichter, in die Alphorntechnik einzusteigen, aber auch völlige Anfänger beherrschen am Ende der drei Tage bereits einfachere Solostücke. Die Alphörner werden gestellt, nach Abschluss des Kurses erhält jeder Teilnehmer eine »Alphornschule« mit Notenmaterial, Hinweisen zur Blastechnik und Bezugsadressen.

Aber gehört das Alphorn nicht eher hinaus in die Bergwelt? Natürlich, stimmt Elisabeth Heilmann-Reimche sofort zu, das sei das Schönste überhaupt an diesem Instrument. Deshalb beinhaltet der Alphornkurs auch einen Bergtag, um dort eine Übungsstunde im Freien durchzuführen. Bei Regen aber bleibt man mit dem großen Instrument doch lieber in der Schule mit alphornblasendem Engel als Wetterfahne auf dem Dach! Auch der ist selbstverständlich eine Idee der umtriebigen Musikerin aus dem Werdenfels.

Adresse Samweberstraße 16, 82467 Garmisch-Partenkirchen, Tel. 08821/948522, www.alphornkurs.de | **Anfahrt** in Garmisch-Partenkirchen von der Hauptstraße B 2 rechts in die Samweberstraße | **Öffnungszeiten** Termine der Schule nach Vereinbarung | **Tipp** Ein ganz besonderes Klangerlebnis findet die Alphornlehrerin Heilmann-Reimche am Schachensee. Dort gibt es ein unvergleichliches siebenfaches Echo (am Ende des Schachenwegs).

18 Das alte Zugspitzkreuz

Letzter Standort: Werdenfelsmuseum

Die Idee, den Zugspitzgipfel mit einem Kreuz zu zieren, entstand auf dem Hohen Peißenberg. Dem dortigen Pfarrer Christoph Ott war die Schmucklosigkeit des »Fürsten der bayerischen Gebirgswelt« ein Dorn im Auge, ein Gipfelkreuz musste her. 1850 initiierte er eine Spendensammlung, gewann Königin Marie als Unterstützerin und konnte so ein teilvergoldetes Kreuz mit einer Höhe von 14 bayerischen Fuß (4,08 Meter) und einem Gewicht von 300 Pfund (168 Kilogramm) finanzieren. Es kostete stattliche 610 Gulden und 31 Kreuzer, umgerechnet knapp 4.000 Euro. Der Wochenlohn eines Handwerksgesellen lag damals bei nur zehn Gulden. Am 4. August 1851 weihte Pfarrer Ott »sein Kreuz«, danach war es in Partenkirchen ausgestellt und wurde am 12. August von 28 Trägern nach einem zweitägigen Anmarsch durch das Reintal am Westgipfel aufgerichtet.

30 Jahre später war das Kreuz durch Blitzeinschläge in derart desolatem Zustand, dass es aufwendig renoviert werden musste. Seinen neuen Standort erhielt es auf dem Ostgipfel, am Westgipfel entstanden andere Bauten. Von dieser Warte aus blickte das Zugspitzkreuz nun hinab, sah Könige und Kriege kommen und gehen – bis es selbst zur Zielscheibe wurde. Nach Kriegsende 1945 veranstalteten amerikanische Soldaten Schießübungen auf das goldene Friedenszeichen.

Wie ein Mahnmal verblieb das durchlöcherte Kreuz fast 50 Jahre am Gipfel. Bis 1993 Klement Mangold aus Eschenlohe, der bereits viele Bauvorhaben auf und an der Zugspitze betreut hatte, eingriff. Auf seine Initiative wurde das ramponierte Kreuz zur neuerlichen Restauration abgebaut. Doch dafür war es zu beschädigt. Schließlich fertigte der Kunstschmied Franz Würzinger eine Kopie an, 80 Zentimeter höher, um Beschädigungen durch Besucher zu verhindern. Noch bevor das neue Kreuz am 16. Oktober 1993 seinen Platz auf der Zugspitze einnahm, hielt das alte am 12. Oktober Einzug ins Werdenfels Museum.

Adresse Werdenfels Museum, Ludwigstraße 47, 82467 Garmisch-Partenkirchen, Tel. 08821/751710, www.werdenfels-museum.de | **Anfahrt** in Garmisch-Partenkirchen Hauptstraße B 2, an der zweiten Ampel links in die Ludwigstraße | **Öffnungszeiten** Di–So 10–17 Uhr | **Tipp** Neben der Dokumentation zum Alpinismus im Erdgeschoss lädt das Werdenfelsmuseum auf fünf Etagen zu einem Rundgang durch die Heimatgeschichte ein, von der Frühgeschichte bis ins bürgerliche Schlafzimmer des 19. Jahrhunderts.

19_Am Gatterl

Der einsamste Grenzübergang Deutschlands

Es ist der wohl einsamste und abgelegenste Grenzübergang Deutschlands, das Gatterl auf 2.024 Metern Seehöhe im Wettersteingebirge zwischen Plattspitzen und Hochwanner. Bereits auf einer Augenscheinkarte des Reintals von 1730 ist es als Grenze zwischen Werdenfels und Tirol eingezeichnet, obwohl es erst 1766 als Landesgrenze vertraglich festgelegt und vermarcht wurde.

Schlagbaum gibt es keinen, die Grenzbefestigung besteht aus einer quietschenden Gartentür mit leicht ramponiertem Schafszaun zu beiden Seiten. Fest stationierte Zöllner sucht man auch vergebens, für einen geregelten Grenzverkehr ist die Gegend zu wenig frequentiert. Dies machte den von der Reintalangerhütte aus in etwa drei Stunden über gute Steige leicht zu erreichenden Übergang für Schmuggler (und natürlich auch für Hirten) interessant. Vermutlich aus diesem guten Grund steht eine Zollhütte in unmittelbarer Sichtweite, die heute aber nur noch zur Winterausbildung und von der Zollsportgruppe genutzt wird.

Eine ehemalige Polizeihütte, 1953 zum Schutz der Alpinpolizisten nach einem Lawinenunglück erbaut, wurde am Karfreitag 2002 selbst von einer Lawine zerstört. Noch immer wird an dieser Stelle zum Gedenken an die vier Opfer der Alpinpolizei, alle verunglückten Bergsteiger und im Dienst getöteten Polizisten jeden zweiten Sonntag im September die Gatterlmesse abgehalten. Am Gatterl erinnern Gedenktafeln an die Opfer.

Auch wenn es durch den Zaun nicht so wirkt, Gedenktafeln und das kleine Kreuz auf dem Gatterlfelsen befinden sich auf der bayerischen Seite. Eindeutig sind die von 1855 stammenden Feldmarken zu beiden Seiten der Grenze, die zusätzlich mit den Hoheitsschildern beider Staaten versehen sind.

Ein bayerisches Staatswappen befindet sich hier seit einigen Jahren nicht mehr – es wurde zu oft gestohlen, um immer wieder ersetzt zu werden …

Adresse am Plattsteig zwischen Knorrhütte und Ehrwalder Alm, 82467 Garmisch-Partenkirchen | **Anfahrt** in Garmisch-Partenkirchen von der Mittenwalder Straße (B 2) kurz vor Ortsende rechts in die Wildenauer Straße, zum Parkplatz am Skistadion, zu Fuß durch die Partnachklamm in das Reintal und zur Knorrhütte (2.052 Meter, geöffnet Anfang Juni – Anfang Okt.), von hier auf AV-Weg Nummer 815/816 in südlicher Richtung zum Gatterl (Beschilderung »Ehrwald«) | **Öffnungszeiten** zugänglich circa Ende Juni bis zum ersten Schneefall – wegen hoher Lawinengefahr nicht im Winter | **Tipp** Zwischen Reintalanger- und Knorrhütte befindet sich auf dem Oberen Anger ein mehrere 100 Jahre alter, hohler Bergahorn. Durchschlüpfen erlaubt!

20 Die Aspen-Colorado-Anlage

Espenbäume als Zeichen der Städtepartnerschaft

Wie viele andere Städte und Gemeinden erkannte auch Garmisch-Partenkirchen in der Nachkriegszeit den Wert des kulturellen und wirtschaftlichen Austausches im Rahmen einer Städtepartnerschaft. Mit der Auswahl eines geeigneten Partners machte es sich die Marktgemeinde nicht leicht, natürlich sollte es ein Wintersportort sein, bevorzugt in den USA, mit denen war man durch die vor Ort stationierten US-Streitkräfte ohnehin irgendwie verbunden.

Gretl Uhl hieß die Frau, die den Grundstein für eine langjährige Partnerschaft über den Atlantik hinweg legte. Die gebürtige Partenkirchnerin und ehemalige Skirennläuferin im deutschen Nationalteam war 1953 gemeinsam mit ihrem Mann Sepp in den amerikanischen Skiort Aspen, Colorado ausgewandert. Dort hatte sie sich binnen kürzester Zeit einen legendären Ruf als »Strudl-Queen« in der von ihr nach gutem Werdenfelser Vorbild betriebenen Skihütte erarbeitet.

Die Unterzeichnung des Partnerschafts-Vertrags am 23. September 1966 war nicht nur die Erfüllung Gretls persönlichen Traums, sondern vor allem der Beginn einer bis heute andauernden, regen Annäherung inzwischen mehrerer Generationen. Das 40-jährige Städtepartnerschaftsjubiläum wurde dementsprechend von Sportlern, Schülern, Bergwachtlern, Tourismusexperten und vielen anderen mehr mit großer Freude begangen.

Nachdem in Aspen eine Straße »Garmisch Street« benannt worden war, sollte auch Garmisch-Partenkirchen ein äußeres Zeichen für die langjährige, kontinentübergreifende Freundschaft bekommen. Im Zusammenhang mit dem Internationalen Jahr der Wälder wurden zwei Espen gepflanzt, Garmisch hatte damit eine würdige Aspen-Colorado-Anlage. Die Bäume sind nicht nur das Wappen der Stadt Aspen, sondern auch ein Symbol für die Beständigkeit und Verbundenheit in der Partnerschaft zwischen Werdenfels und Colorado.

Adresse St.-Martin-Straße, 82467 Garmisch-Partenkirchen | **Anfahrt** in Garmisch-Partenkirchen von der Hauptstraße B 2 an der zweiten Ampel rechts in die St.-Martin-Straße | **Öffnungszeiten** immer zugänglich | **Tipp** Auch der finnischen Partnerstadt Lahti ist eine Parkanlage gewidmet, diese führt vom Skistadion die Partnach entlang ins Ortszentrum.

21 Der Bauerngarten

Gemüsebeete vor historischer Kulisse

Das Gemüsebeet im Polznkaspargarten ist fast so etwas wie eine Garten-Arche Noah: »Zwiebel«, »Gelbe Rübe« und »Schwarzer Radi« steht auf den handgeschriebenen Schildern. Vor allem alte, oft schon vergessene Gemüse wie die Kartoffelsorte »Blaue Meiserl« gedeihen hier üppig in Reih und Glied. Für Hobbygärtner ist das Beet damit ein wahrer Fundus, hier finden sie eine Auswahl an Pflanzen, die sich in Jahrhunderten an das besondere Werdenfelser Klima angepasst haben. Das Gemüsebeet ist aber nur ein Teil des herrlich blühenden Bauerngartens vor dem Polznkasparhaus. Sommerblumen, Kräuter und Heilpflanzen vervollständigen seine Bepflanzung.

2008 wurde der Garten eröffnet, ganz im Stil traditioneller Werdenfelser Bauerngärten. Schon im zeitigen Frühjahr zeigen sich die ersten Schneeglöckchen, im Sommer blühen große Sonnenblumen, und bis weit in den Oktober hinein leuchten Dahlien und violette Herbstastern um die Wette. Im Winter dominieren die klaren Linien der exakt geschnittenen Buchsbaumhecken – der Polznkasparhausgarten ist eine Pracht, die das Auge das ganze Jahr über erfreut. Vervollständigt wird das Ensemble durch einen Brunnen in alter Werdenfelser Art. Typisch für diese Bauweise war die hölzerne Brunnensäule über einem 60 Zentimeter tiefen Brunnenbett, von dem aus ein niedrigerer Spültrog befüllt wird. Der Brunnenkopf war meist knopfförmig verziert.

Hinter dem Bauerngarten erhebt sich breit und behäbig das historische Polznkasparhaus. Mit dem verbrieften Baujahr 1595 ist es das älteste Haus der gesamten Marktgemeinde! Sein für Auswärtige nur schwer verständlicher Name geht auf den Garmischer Schnitzer und Briefträger Kaspar Polz zurück, der es über 40 Jahre lang, bis 1946, bewohnte. Der Anblick, wie er über Jahrzehnte in immer gleicher Pose beim Schnitzen gemütlich sein Pfeifchen schmauchend auf der Hausbank saß, machte ihn zu einem Garmischer Original.

Adresse Mohrenplatz 2, 82467 Garmisch-Partenkirchen | **Anfahrt** in Garmisch-Partenkirchen auf die B 23 Richtung Ehrwald, nach der Loisachbrücke vierte Straße links (»Mohrenplatz«) | **Öffnungszeiten** Bauerngarten immer geöffnet, Polznkasparhaus nur von außen zu besichtigen | **Tipp** Im Erdgeschoss des Polznkasparhauses ist die gut sortierte Garmischer Bücherei untergebracht (www.buecherei-garmisch.de).

22 Die Bobbahn am Riessersee

Sportgeschichte live erleben

37 Jahre hatte die Bobbahn am Riessersee im Dornröschenschlaf geschlummert, nachdem 1966 mit der Europameisterschaft das letzte Rennen durch die 14 Kurven der etwa 1,5 Kilometer langen Strecke ausgetragen worden war.

Bei ihrer Eröffnung im Winter 1910 war sie die erste Bobbahn weltweit, deren Kurven mit Eisblöcken ausgekleidet waren. Das benötigte Eis wurde direkt aus dem Riessersee gewonnen und mit Pferdeschlitten hinauftransportiert. 50 Mann arbeiteten dafür einen Monat lang Tag und Nacht. Trotz dieser Bauweise galt sie als eine der gefährlichsten Strecken überhaupt, vor allem die Bayern-Kurve war berüchtigt. Hier befindet sich auch das Marterl für die vier auf der Strecke tödlich verunglückten Bobpiloten.

Sechs Weltmeisterschaften wurden auf der Bobbahn ausgefahren, natürlich auch die Olympischen Winterspiele 1936, bei denen bis zu 3.200 Zuschauer die Strecke säumten. Die Schließung 1966 war bereits damals eine Folge der Klimaerwärmung: Zu weich war die Bahn und damit zu gefährlich, um die Wettbewerbe im Viererbob auszutragen. Nur noch auf Kunsteisbahnen war eine permanente Nutzbarkeit gewährleistet. 2003 wurde die historische Sportanlage komplett unter Denkmalschutz gestellt. Zehn Jahre später, im Februar 2013, fand ein Revival-Rennen mit 13 mutigen Teams in ihren historischen Bobs statt.

Dank des Einsatzes der vielen Helfer der Bobabteilung des SC Riessersee konnte im zehn Minuten von der Zielkurve entfernten historischen Bobschuppen ein liebevoll gepflegtes Museum eröffnet werden. Die Ausstellung umfasst neben 17 historischen Rennbobs diverse Ausrüstungsgegenstände, Plakate vergangener Rennen und eine Videoinstallation. Neben dem Bobschuppen befindet sich die ehemalige Talstation des 1926 erbauten Bobaufzugs; das ehemalige Kantinengebäude direkt an der Strecke ist zwar kein Teil der Ausstellung, dafür aber noch immer bewirtschaftet.

Adresse 82467 Garmisch-Partenkirchen, www.scr-bob.de | Anfahrt in Garmisch-Partenkirchen von der Hauptstraße B 2 an der zweiten Ampel rechts in die St.-Martin-Straße und nach 500 Metern rechts der Beschilderung »Riessersee« folgen (Parkplätze unterhalb der Seestaumauer), zu Fuß das nördliche Seeufer entlang bis zur Zielkurve, von dort Rundweg entlang des Streckenverlaufs der Bobbahn zum Startplatz und dem Bobmuseum | Öffnungszeiten Außenanlagen: jederzeit; Museum: Jan.–Okt. Mi 14–16 Uhr, Sonderführungen auf Anfrage | Tipp Im Sommer lädt der Riessersee bei bester Wasserqualität zu einem erfrischenden Bad vor großer Bergkulisse ein.

23_Das Brauhaus-Fresko

Vom Bräustüberl und dem Geist des Braumeisters

War zunächst auch im bayerischen Oberland Wein das geläufige Genussgetränk gewesen, führten Handelshemmnisse aufgrund des Dreißigjährigen Kriegs und die Auswirkungen der kleinen Eiszeit auf den Weinbau im 17. Jahrhundert zu einer Zunahme des Bierkonsums. Der Freisinger Fürstbischof Albrecht Sigismund erkannte die Möglichkeit eines guten Verdienstes und veranlasste umgehend den Bau der ersten Garmischer Brauerei. Auf einem Fresko im heutigen Bierstüberl ist die historische Szene dargestellt, in der der Fürstbischof im Jahre 1653 vor Ort den Krug mit dem ersten gebrauten Bier in Empfang nimmt. Nicht nur das gewöhnliche »braune« Bier aus Gerstenmalz wurde hier gebraut, sondern auch das beliebte »weiße« Bier. In Bayern damals ein Privileg des Landesherrn.

Doch das Unternehmen stand von Beginn an unter keinem guten Stern. Die ersten Braumeister waren faul oder begingen Unterschlagung, 1668 erhängte sich der Braumeister Johann Milleitner in seinen Diensträumen. Grund waren drückende Schulden aufgrund seines exzessiven Lebensstils. Obwohl der Selbstmörderleichnam sogleich verbrannt worden war, berichtete ein Braugehilfe noch Jahre später davon, den »Entleibten in Gestalt seiner Mordtat« gesehen zu haben.

Eine Blütezeit erlebte die Brauerei im 20. Jahrhundert mit der Einführung des beliebten Olympia-Biers und als Sponsor verschiedener Sportveranstaltungen. Doch im September 1972 endete auf Beschluss des letzten Besitzers, der Münchner Löwenbräu AG, die Garmischer Brautradition. Geblieben ist das historische Bräustüberl mit den sehenswerten Wandmalereien des bekannten Lüftlmalers Heinrick Bickel, das sich in den letzten Jahren vom »Brauerstüberl«, dem Aufenthaltsraum für die Brauburschen, zu einem besonderen Einkehrtipp gemausert hat. Und dann gibt es noch den Geist des Braumeisters. In manchen Nächten soll es oben unterm Dach höchst merkwürdig rumoren …

Adresse Bräustüberl Garmisch, Fürstenstraße 23, 82467 Garmisch-Partenkirchen, Tel. 08821/2312, www.braeustueberl-garmisch.de | **Anfahrt** in Garmisch-Partenkirchen auf die B 23 Richtung Ehrwald, bis zur JVA fahren, hier rechts in die Fürstenstraße | **Öffnungszeiten** täglich 10–1 Uhr | **Tipp** Im Treppenhaus des Bräustüberls oberhalb der Schwemme befindet sich ein etwa zwei Meter hohes Glasfenster mit der Darstellung des ehemaligen Brauereiwappens, das nachts beleuchtet wird und auch gut von außen zu sehen ist.

24 Das Buddhistische Zentrum

Treffpunkt für Meditationsabende und Philosophie

Der Buddhismus kann sowohl als eine philosophische Lehrtradition als auch als religiöse Glaubensüberzeugung betrachtet werden. Er gehört zu den fünf Weltreligionen und beruht auf den Lehren des historischen Buddhas, einem nordindischen Fürstensohn des 6. Jahrhunderts vor Christus. Die Zahl der Buddhisten weltweit wird auf etwa 400 Millionen geschätzt, die Schätzungen schwanken jedoch stark. Auch in Deutschland gibt es ein reges spirituelles Leben mit zehn buddhistischen Zentren allein in Oberbayern. Geistliches Oberhaupt ist der 1935 in Tibet geborene Dalai Lama, der Repräsentant des dem westlichen Lebensstil entsprechenden Diamantweg-Buddhismus in Europa ist Lama Ole Nydahl aus Dänemark.

Lama Ole gab vor über 20 Jahren den Anstoß zur Gründung des Garmischer Buddhistischen Zentrums, als er eine Gruppe Interessierter zu gemeinsamen Meditationen versammelte. Aus lockeren Treffs wurde eine bleibende Verbindung, aus der das Zentrum hervorging.

Buddhistische Zentren sind nicht nur Meditationsräume, sie sollen für Menschen auch ein Ort der Zuflucht und des Innehaltens sein und einen Raum geben, um sich zu entfalten. Wohlfühlorte ganz einfach. Die Räume des Buddhistischen Zentrums Garmisch sind dementsprechend hell, freundlich und klar. Eine kleine Bibliothek lädt zum Lesen ein, eine gemütliche Sitzgruppe zum Verweilen und Diskutieren. Das Zentrum wird von vier im Haus lebenden Familien betreut, die sich um Meditationsraum und Cafeteria kümmern und das Zentrum auch gleichermaßen beseelen. Zweimal in der Woche finden offene Meditationsabende statt. Nach der etwa halbstündigen Meditation sind alle Besucher in die Cafeteria zu Austausch und Plausch eingeladen. Der Buddhismus ist fröhlich, und er ist eine Lebensweise, die undogmatisch allen Menschen Ruhe und Lebensfreude vermittelt – darauf legt man im Buddhistischen Zentrum Garmisch besonderen Wert.

Adresse Schnitzschulstraße 20, 82467 Garmisch-Partenkirchen, Tel. 08821/6108167, www.buddhismus-garmisch.de | **Anfahrt** in Garmisch-Partenkirchen von der Hauptstraße B 2 links in die Schnitzschulstraße | **Öffnungszeiten** öffentliche Meditationsabende Di und Fr 20.30 Uhr; Besuche sind auch nach tel. Vereinbarung möglich | **Tipp** Die nahe Schnitzschule bietet alle Ausbildungsstufen im Schreinerhandwerk, auch für interessierte Laien, bis hin zur Meisterreife an. Einmal monatlich findet eine Sonntagsführung durch alle fünf angeschlossenen Bildungseinrichtungen statt (Tel. 08821/95920).

25 Die Daxkapelle

Wo Wünschelrutengeher das Rutengehen lernen

Auf einer Waldlichtung am Fuße des Wank liegt die Daxkapelle, deren vollständiger Name »Unseres Herrn Kapelle in den Taxen« lautet. Es ist ein schöner Ort. Im Winter ziehen Rodler und Skitourengeher vorbei, im Sommer Wanderer. Doch trotz der Aussicht auf die Zugspitze wird die Kapelle nur selten von Spaziergängern besucht. Deshalb fällt es auf, wenn sich dort größere Menschengruppen treffen. Sie haben meist zwei geknickte Metallstangen dabei oder etwas, das aussieht wie ein Lineal mit Handgriff. Bedächtig umrunden sie die Kapelle, gehen einen Schritt zur Seite und tragen Markierungen in eine bereitliegende Landkarte ein. Eine religiöse Handlung ist dies nicht, es hat auch nichts mit dem Daxkapellen-Bittgang zu Christi Himmelfahrt zu tun. Es sind Rutengeher, die den Umgang mit Wünschelruten lernen.

Historisch wurden Wünschelruten von Brunnenbauern und Erzsuchern genutzt, um unterschiedliche Bodenqualitäten zu erkennen und zu beurteilen. Deshalb sind Orte mit besonders vielen verschiedenen Bodenarten besonders günstig zum Erlernen dieser Kunst. Rund um die aussichtsreich gelegene Daxkapelle finden sich ideale Bedingungen: Im Norden und Osten treffen Plattenkalk und Hauptdolomit aufeinander, südlich der Kapelle befindet sich ein Gesteinsband aus Asphaltschiefer. Fröhlich plätschert der kleine Brunnen, die unterirdischen Wasserbehälter sind von Wasseradern umgeben.

Auch die Kapelle ist interessant: Weshalb wurde sie genau hier errichtet? Zufällig scheint der Bauort nicht gewählt, denn verbindet man auf einer Landkarte Daxkapelle, Burg Werdenfels und St. Martin in Garmisch miteinander, entsteht ein annähernd gleichseitiges Dreieck. Dass die Daxkapelle etwas Besonderes ist, schrieb schon der bekannte Volkskundler Max Höfler. Sie sei ein alter Waldkultort, der auch nach seiner christlichen Umwidmung wie ehedem im Mai aufgesucht werde.

Adresse an der Straße zur Esterbergalm, 82467 Garmisch-Partenkirchen | **Anfahrt** in Garmisch-Partenkirchen von der Hauptstraße B 2 links in die Hölzlstraße abbiegen, noch mal links in die Wankbahnstraße, Parkplatz an der Seilbahn, auf der Straße zum Kletterwald, dort links Richtung Esterbergalm; Daxkapelle nach 1.300 Metern | **Öffnungszeiten** nur von außen zu besichtigen | **Tipp** Von der Daxkapelle führt eine schöne und bequeme Wanderung zur ganzjährig bewirtschafteten Esterbergalm (Esterbergstraße 1, Tel. 08821/3277, Betriebsurlaub im November). Im Winter wird der Weg zur Familienrodelbahn.

26 Der Freie Fall

Durch die »Hölle« der Kandahar

»Go, go, go!«, tönen Rufe aus Hunderten Kehlen, im Takt wummernder Bässe schwingen Fahnen. Ist die Bestzeit noch um ein, zwei Hundertstel unterboten, hält es keinen mehr auf seinem Platz. Die Kandahar ist Kult.

Benannt ist die Skipiste nach dem englischen Offizier Frederick Roberts, der von Queen Victoria nach militärischen Erfolgen in Afghanistan zum Earl of Kandahar ernannt wurde. 1911 stiftete der Earl den Pokal für das erste Rennen in der Geschichte des Skisports, ihm zu Ehren wurde ein »Kandahar-Skiclub« gegründet, der seine Rennstrecken nach dem Namensgeber benannte. Ab 1928 organisierte der Kandahar-Skiclub Rennen am Arlberg, in Chamonix – und in den 1950er Jahren das erste Mal auch in Garmisch. Dabei hatte die Garmischer Rennstrecke längst Skigeschichte geschrieben. Während der Winterolympiade 1936 war sie der erste Austragungsort für olympische Skiwettbewerbe überhaupt. Goldmedaillengewinner Fritz Pfnür und Christl Cranz fuhren damals die topmodernen, ebenfalls nach dem Earl benannten Kandahar-Bindungen. Seither ist die Piste vom Tröglhang durch »Himmelreich« und »Hölle«, über Eishang und im »Freien Fall« Schauplatz großer Skiwettbewerbe. Der »Freie Fall« macht seinem Namen alle Ehre, mit 92 Prozent hat er das steilste Gefälle aller Weltcup-Abfahrtsstrecken. Die Streckenführung der Kandahar wurde immer wieder geändert, vor allem als Konsequenz des tragischen Todes von Skirennläuferin Ulrike Maier im Januar 1994. Die zweifache Weltmeisterin war bei einem Sturz mit dem Kopf an einen Streckenpfosten geprallt.

Dass der Ruhm der Kandahar seinen Weg zurück in die Wüste gefunden hat, zeigt eine kuriose Begebenheit aus dem Jahr 2013. Ein Scheich aus Kuwait wollte seiner Familie im Urlaub Berge, Schnee und Kandahar zeigen, weshalb er im Leihauto einen Forstweg hinauffuhr. Am Eishang rutschte das Fahrzeug in die Skiabfahrt, wo es glücklicherweise stecken blieb.

Adresse am Kreuzeck, 82467 Garmisch-Partenkirchen | **Anfahrt** in Garmisch-Partenkirchen auf die B 23 Richtung Ehrwald, kurz vor dem Ortsende links in die Kreuzeckstraße, Parkplatz an der Kreuzeckbahn | **Tipp** Knapp 20 Minuten vom Parkplatz entfernt befindet sich am Katzenstein der jüngste Klettergarten des Werdenfelser Landes. Für Anfänger ist er wegen der gehobeneren Schwierigkeitsgrade weniger geeignet – wohl aber, um großartige Kletterkünste zu bestaunen (www.alpinsport-basis-blog.de/?p=5033).

27_Die Galerie Pritschow

Berg- und Genremalerei in musealer Qualität

Als im »Goldenen Zeitalter des Alpinismus« die Berge in den Fokus der öffentlichen Aufmerksamkeit rückten, entwickelte sich die Bergmalerei als eigenständige Kunstrichtung. Beliebte Motive waren vor allem diejenigen Berge, die von den Kunstzentren aus gut erreichbar waren. Die Eröffnung der Bahnstrecke von München nach Garmisch-Partenkirchen 1889 trug wesentlich zur Beliebtheit der hochalpinen Szenerie von Werdenfelser Land und Wettersteingebirge bei. Dementsprechend stammten viele der im Werdenfelser Land tätigen Maler aus dem Umfeld der Münchner Schule, die aus der Königlichen Akademie der Bildenden Künste hervorgegangen war. Es ist ein Malstil, der sich durch Genauigkeit und Naturalismus in der Darstellung auszeichnet.

Die Galerie Pritschow hat sich genau dieser Sujets, dem Zusammentreffen von Bergmalerei und Münchner Schule, angenommen. Die in den lichtdurchfluteten Galerieräumen an der Garmischer Fußgängerzone ausgestellten Bilder sind ein echtes Stück Heimat- und Kulturgeschichte. Neben Werdenfelser Malern wie Heinrich Bürkel, der auch in der Münchner Neuen Pinakothek ausgestellt wird, umfasst die außergewöhnliche Schau Werke des »Alpinen Dreigestirns« Ernst Platz, E.T. Compton und Rudolf Reschreiter. Sie zählten schon um 1900 zu den begehrtesten Bergsteiger-Malern, deren detailgetreue Darstellungen über Jahrzehnte Grundlage alpiner Führerliteratur waren.

Rund 1.500 Exponate zeigt und verkauft die Galerie Pritschow, bereits im Treppenhaus wird der Besucher von stimmungsvollen Gemälden passend zum jeweiligen Schwerpunktthema der Sonderschauen wie »Alpenglühen« oder »Bürgerliches Leben« empfangen. Interessierten Besuchern erläutert der Galerist gern kenntnisreich die einzelnen Werke, sodass kaum jemand die Galerie verlässt, ohne sich zu fragen, ob er vielleicht nicht doch eines der wertvollen Gemälde erwerben kann.

Adresse Am Kurpark 16, 82467 Garmisch-Partenkirchen, Tel. 08821/2217, www.galerie-pritschow.de | **Anfahrt** in Garmisch-Partenkirchen auf die B 23 Richtung Ehrwald, über die Loisachbrücke fahren, Parkplatz am Beginn der Fürstenstraße, von hier bis zur Kreuzung Am Kurpark gehen | **Öffnungszeiten** Di–Fr 15–18 Uhr | **Tipp** Im Sommer kann man von hier zum Mohrenplatz schlendern und dort den Tag im stimmungsvollen Biergarten ausklingen lassen. Nach bayerischer Tradition darf die Brotzeit mitgebracht werden, Getränke werden jedoch ausschließlich beim Wirt gekauft (Tel. 08821/7322770, www.mohrenplatz-garmisch.de).

28 Das Gelbe Gwänd

Ein Spukort im beschaulichen Werdenfels

Wer von Garmisch den westlichen Weg zum Kramermassiv hinaufwandert, steht unversehens vor hohen Felsabbrüchen, die eine steile Schneise im Bergwald formen. Namensgebend ist das in dieser Gegend seltenere lehmfarbig-ockerige Gestein der Felswände. So steil der Fels, so alt der Steig hindurch. Schon immer war der Weg durch das Gelbe Gwänd (hochdeutsch »die Gelben Wände«) der schnellste Zugang vom Tal zu den saftigen Wiesen der Stepberg Alm.

Auch wenn er gut unterhalten ist – der Steig ist steinschlaggefährdet. Ein querender Bachlauf kann nach Regenfällen plötzlich anschwellen und die Passage erheblich erschweren. Mehrere Marterl, immer liebevoll mit Latschenbruch und Blumen geschmückt, erzählen von den Gefahren. Und fast scheint es, als sei die oberhalb gelegene Aussichtsbank weniger wegen des grandiosen Zugspitzblicks aufgestellt als vielmehr für alle Erholungssuchenden nach einem für sie allzu nervenaufreibenden Wegabschnitt.

Ganz vermeiden sollte man den Weg durch das Gelbe Gwänd zur »Sealnzeit«, wie die Rauhnächte zwischen Wintersonnwende und Dreikönig bezeichnet werden. Dies ist die Zeit, in der dort der Wilde Hirt umgeht, eine der gefährlichsten Sagengestalten im ganzen Werdenfelser Land. Ein wahrer Teufel in Menschengestalt soll er gewesen sein, hartherzig und unnachgiebig zu Mensch wie Tier.

Um das Vieh schneller auf die Alm zu bringen, war er eines Tages auf die Idee verfallen, es anstatt über den breiten Weg über die Rotmoosalm durch das Gelbe Gwänd hinaufzutreiben. Doch die ganze Herde stürzte ab und riss ihn mit in den Tod. Seitdem muss der Hirte als Buße für seine Taten für immer dort umgehen. Hört man das Jahr über nur seinen Viehlockruf »Koisu! Koisu!«, kann es während der Rauhnächte geschehen, dass er leibhaft erscheint und dem erschrockenen Wanderer einen letzten Stoß versetzt – so erzählt es die Sage.

Adresse am Kramer, 82467 Garmisch-Partenkirchen | **Anfahrt** in Garmisch-Partenkirchen auf die B 23 Richtung Ehrwald, kurz vor dem Ortsende rechts in die Äußere Maximilianstraße (Beschilderung »Tierheim«), nach 750 Metern nochmals rechts abbiegen, am Tierheim vorbei und nach circa 800 Metern entlang der Straße gegenüber einer Forststraße parken, dieser in westlicher Richtung, dann einem Wanderweg in nordwestlicher Richtung immer gemäß der Beschilderung »Stepbergalm / Kramer« bis zum Gelben Gwänd folgen | **Öffnungszeiten** nur von Frühsommer bis zum ersten Schneefall zugänglich | **Tipp** Der Weiterweg zur Einkehr auf der Stepbergalm lohnt sich nicht nur wegen der herrlichen Aussicht, sondern auch wegen des hausgemachten Apfelstrudels (1.592 Meter, bewirtschaftet von Mai–Okt., www.stepberg-alm.de).

29_Das Hochwasserdenkmal

Von der zerstörerischen Kraft des Wassers geformt

Die Konstellation war mehr als brisant. Nach einem Winter mit extremen Schneemengen führte die Schneeschmelze ab April zu stark durchfeuchteten Böden, die nur mehr wenig Wasser aufnehmen konnten. Zwischen dem 11. und 17. Mai 1999 wurde die Situation aufgrund eines ortsbeständigen Tiefdruckgebiets durch heftigen Niederschlag zusätzlich verschlimmert, weitere Regenfälle würden nun ungehindert über die übersättigten Böden abfließen. Ungünstigerweise verband sich ab dem 20. Mai eine Tiefdruckrinne über Ostdeutschland mit einem Teiltief aus Oberitalien, feuchtkühle Atlantikluft und feuchtwarme Mittelmeerluft bewirkten ein Starkregenband quer über Süddeutschland. Die Niederschlagsmenge von über 150 Millimeter innerhalb von drei Tagen entsprach der gesamten Niederschlagsmenge eines »normalen« Monats Mai in Garmisch-Partenkirchen. Auf der Zugspitze führten die Niederschläge zu einem Anstieg der Schneehöhe um zwei Meter.

Die Katastrophe brach am Pfingstwochenende über die Marktgemeinde herein: Nicht nur Loisach und Partnach traten über die Ufer, vor allem der kleine Kankerbach entwickelte sich zum reißenden Fluss. Die Wassermassen sorgten für Millionenschäden und forderten ein Todesopfer. Aufgrund der verheerenden Erfahrungen begannen ab 2004 groß angelegte Baumaßnahmen zum Hochwasserschutz an Kanker und Partnach. Das 25-Millionen-Euro-Projekt wurde 2012 abgeschlossen.

Direkt an der Partnach befindet sich ein Zeugnis der tragischen Ereignisse von 1999. Während des Pfingsthochwassers war oberhalb der Partnachklamm ein Steg aus seiner Verankerung gerissen worden und in den Fluten versunken. Sein 13 Meter langer Stahlträger wurde erst neun Jahre später bei den Bauarbeiten zum Hochwasserschutz auf Höhe des Wittelsbacher Parks wiedergefunden und drei Jahre später zur Erinnerung an die unzähmbare Kraft des Wildwassers an seinem heutigen Standort aufgestellt.

Adresse Partnachauenstraße gegenüber Hausnummer 9, 82467 Garmisch-Partenkirchen | **Anfahrt** in Garmisch-Partenkirchen von der Hauptstraße B 2 an der zweiten Ampel rechts in die Bahnhofstraße, nach circa 480 Metern links in die Partnachauenstraße | **Tipp** Entlang des Spazierwegs am Partnachufer befindet sich auf einer Länge von 1,5 Kilometern ein geologischer Lehrpfad mit 40 Steinen aus dem gesamten Alpenraum. Aufgrund der Vielfalt der Steine und ihrer Herkunftsregionen ist es das größte geologische Lehrprojekt seiner Art in Bayern.

30_Die Kirche Alt St. Martin

Catwoman und die heilige Kümmernis mit dem Bart

St. Martin im alten Garmischer Ortsteil Am Rain ist mit einer ersten urkundlichen Erwähnung im Jahre 807 die älteste Kirche der Marktgemeinde und seit 1180 als Pfarrkirche bestätigt. Trotz diverser Umbauten war sie bereits Anfang des 18. Jahrhunderts zu klein geworden, sodass 1734 eine neue Pfarrkirche eingeweiht wurde – ebenfalls unter dem bewährten Patrozinium des heiligen Martin.

In Alt St. Martin verbinden sich romanische und gotische Elemente, was dem Kirchenbau eine ganz besondere Anmutung gibt. Nicht nur das Kirchenäußere ist höchst sehenswert, auch das Innere hält einige Überraschungen bereit. Gleich beim Betreten fällt die große Mittelstütze ins Auge, die kein architektonischer Kunstfehler ist, sondern ein absichtlich und aus sakralgeometrischen Überlegungen heraus errichtetes Element. Mittelsäulen verleihen Räumen ein Zentrum und sollen nach alter Tradition zum Umschreiten einladen. Lässt man sich von diesem uralten Baumeistertrick führen, schweift unweigerlich der Blick über die Wandmalereien aus dem 13. bis 15. Jahrhundert. Diese zeigen ein paar eigenartige Darstellungen, wie etwa ein Teufelchen in Gestalt von Catwoman (Ostseite rechts), einen Gnadenstuhl, auf dem Gottvater seinen sterbenden Sohn am Kreuz in den Armen hält (im Chorraum), und vor allem das Bildnis der heiligen Kümmernis neben einer Darstellung des Drachentöters Georg (Ostseite links).

St. Kümmernis ist eine Volksheilige, die im Alpenraum seit dem 15. Jahrhundert verehrt wird. Der Legende nach war sie die Tochter eines heidnischen Königs, die ihr Leben Jesus Christus weihen wollte und Gott anflehte, ihr Äußeres zu entstellen, um heiratswillige Heidenprinzen abzuschrecken – worauf ihr ein Bart wuchs. Der erzürnte Vater ließ Kümmernis in Lumpen kleiden und unrasiert ans Kreuz schlagen. Als Patronin wird die heilige Kümmernis gegen Unfruchtbarkeit und Haarausfall angerufen.

Adresse Pfarrhausweg 2, 82467 Garmisch-Partenkirchen | **Anfahrt** in Garmisch-Partenkirchen auf die B 23 Richtung Ehrwald, bis zur JVA fahren, rechts in die Fürstenstraße und gleich wieder rechts in den Pfarrhausweg | **Öffnungszeiten** tagsüber außer während der Gottesdienste | **Tipp** Auch in der neuen Pfarrkirche St. Martin am Marienplatz befinden sich sehenswerte Wandmalereien wie die typisch alpenländische Darstellung eines Totentanzes aus dem 18. Jahrhundert.

31 Der Königsstand

Chillen auf dem Felix-Neureuther-Bankerl

Obwohl er ein formidables Wanderziel abgibt, ist der Königsstand kein Gipfel, sondern vielmehr eine Anhöhe in den östlichen Ausläufern des Kramermassivs. Aber was für eine! Der jagdbegeisterte König Maximilian II. von Bayern lenkte immer wieder den Schritt seines Pferds herauf, was dem Ort seinen Namen sowie ab 1860 einen in den Berg gesprengten Reitweg einbrachte. Dort, wo die steilen Felswände 600 Meter tief zum Pflegersee abbrechen, wurden dem König Gamsen zur Jagd vorgetrieben. Heute ist es deutlich ruhiger dort oben – aber die Aussicht ist nach wie vor königlich. Nicht nur der weite Talkessel von Garmisch liegt buchstäblich zu Füßen, auch der Wettersteinkamm und die zerklüfteten Karwendelspitzen scheinen zum Greifen nah.

Es ist diese Aussicht, die Skiass Felix Neureuther am Königsstand so fasziniert. »Von da hat man einfach den besten Blick auf Garmisch-Partenkirchen«, schwärmte er, nachdem er auf die Frage nach seinem Lieblingsort im Werdenfelser Land wie aus der Pistole geschossen geantwortet hatte: »Der Königsstand!« Aufgewachsen in Werdenfels, weiß der beste deutsche Skirennfahrer der Weltcup-Geschichte genau, wovon er spricht. Seine Eltern hatten ihn nicht nur mit zweieinhalb Jahren auf Ski gestellt, sondern schon von klein auf zum Wandern mit in die Berge genommen. Kein Wunder also, dass Neureuther die allerschönsten Ecken seiner Heimat kennt.

Der Königsstand ist deshalb immer wieder sein Ziel, oft in geselliger Runde zusammen mit seinem Freundeskreis. Mit diesem gemeinsam hat er dort oben vor einigen Jahren eine Brotzeitbank aufgestellt, zum gemütlichen Zusammensitzen. Denn Restauration gibt es keine. Zum Glück! Denn so bleibt der Königsstand, was er ist: ein ruhiger Aussichtsort hoch über dem Werdenfels, an dem Felix Neureuther auch zukünftig zusammen mit Freundin und Hund den Sonnenuntergang genießen kann.

Adresse am Kramer, 82467 Garmisch-Partenkirchen | **Anfahrt** in Garmisch-Partenkirchen auf die B 23 Richtung Ehrwald, bis zur JVA, rechts in die Fürstenstraße, die zweite links in die Lazarettstraße, gleich rechts in die Kleinfeldstraße und wieder links in die Bräuhausstraße; am Straßenende bei der Bayernhalle parken; zu Fuß über die Forststraße (Beschilderung »St. Martin / Königsstand«), weiter auf Bergsteig in nördlicher Richtung zum Königsstand | **Öffnungszeiten** bei Schneefreiheit zugänglich | **Tipp** Wer seine Brotzeit vergessen hat, kann beim Abstieg vom Königsstand auch in der Bergwirtschaft St. Martin (siehe Ort 42) einkehren.

32 Die Krippenausstellung

Schneekrippen im Aschenbrennermuseum

Wie eine kleine Wunderwelt wirkt die von den Werdenfelser Krippenfreunden betreute Dauerausstellung mit ihren elf großen und zahlreichen kleineren Krippen im Aschenbrennermuseum. Realisiert werden konnte das Krippenmuseum durch die Marianne-Aschenbrenner-Stiftung, deren Gründerin während des Zweiten Weltkriegs einige Jahre in Garmisch-Partenkirchen verbracht hatte und in den 1970er Jahren als vermögende Unternehmerin hierher zurückgekehrt war.

Der Begriff »Krippe« bezeichnet eine figürliche Darstellung der Geburt Jesu, die zur Weihnachtszeit im Herrgottswinkel aufgestellt wurde. Ein seltenerer Krippentypus sind Jahreskrippen, wie zum Thema »Jesus im Tempel«, die ganzjährig aufgestellt sind.

In Werdenfels hat vor allem die Herstellung heimatlicher Schneekrippen eine lange Tradition, seit 2011 gibt es zudem den Lehrgang zum Krippenbaumeister an der Schule für Holz und Gestaltung.

Eine Schneekrippe im Museum zeigt eine echte Werdenfelser Szene: die Heilige Familie im Stall vor der Kulisse der Oberen Partenkirchener Ludwigstraße, wie diese um 1880 ausgesehen hat. Die Krippe wirkt durch die maßgeschneiderte Kleidung der Figuren, wie einem Hirten mit Wolljanker, besonders lebendig. Mindestens genauso reizvoll ist eine Krippenlandschaft aus Oberammergauer Fertigung, die der privaten Sammlung der Stifterin entstammt. Vor einem zweistöckigen Bauwerk, der »Sternmühle«, wie eine Inschrift über der Tür verrät, strömen Kinder, Hirten und ein eleganter Bürger im blauen Rock zur Heiligen Familie. Das Jesuskind auf dem Arm seiner Mutter ist genauso liebevoll detailliert gearbeitet wie die auf der Mühle aufgemalte Sonnenuhr. Für Kinder stellt die Sonnenuhr ein Rätsel dar: Warum steht sie genau auf 9 Uhr vormittags? Die Antwort ist ganz einfach: Die Beleuchtung strahlt den Zeiger zufällig so an, dass er auf die neunte Stunde weist.

Adresse Loisachstraße 44, 82467 Garmisch-Partenkirchen, Tel. 08821/7303105, www.museum-aschenbrenner.de | **Anfahrt** in Garmisch-Partenkirchen auf die B 23 Richtung Ehrwald, bis zur Ampel an der Loisachbrücke, dort rechts in die Loisachstraße | **Öffnungszeiten** Di – So und Feiertage 11 – 17 Uhr | **Tipp** 100 Meter flussaufwärts vom Aschenbrenner-Museum entfernt führt der Schneckensteg über die Loisach. Die kleine Holzbrücke hat ihren Namen von Ammoniten, die immer wieder in diesem Bereich als Schwemmgut in der Loisach gefunden wurden.

33_Die Kuchenmanufaktur

Im Werdenfelser Kuchenhimmel

Am Anfang stand eine Vision: etwas Besonderes zu schaffen, die Verbindung von frischer Zubereitung, hochwertiger Qualität und Tradition. Im April 2015 erfüllte sich Konditormeister Hannes Kleißl seinen Traum von der »Kuchenmanufaktur Café Max« im Herzen von Garmisch-Partenkirchen. Nach vielen Jahren Berufserfahrung unter anderem in der Patisserie eines Fünfsternehotels im mondänen Gstaad, als Kellner auf der Alm und natürlich einer soliden Ausbildung in der süßen Kunst des Konditorhandwerks war es genau der richtige Zeitpunkt. Erdbeer-Joghurt-Torte, Erdnuss-Schokokuchen und saftige Käsekuchen wie von Oma versprachen bei der Eröffnung den Beginn eines neuen Kuchenzeitalters im Werdenfelser Land.

Vom Frühstück mit frischen Obst- und Gemüseschnitten über kleine Snacks wie knusprige Flammkuchen oder Eierspeisen ist das Angebot nicht nur für Kuchenliebhaber eine Offenbarung. Diese allerdings kommen angesichts saftiger Schokokuchen mit flüssiger Füllung, zartschmelzendem Mohn-Marzipankuchen oder winterlicher Nougat-Rumtorte im Walnussbisquit garantiert ins Schwärmen. So, wie das Backwerk ohne überzogenen Schnickschnack auskommt, ist auch das urgemütliche Ambiente gediegen gestaltet. Herrlich alte Aufnahmen aus dem Familienalbum, grafisch raffiniert aufgepeppt, zieren die Wände, die Farbgestaltung in frischem Maigrün wirkt fröhlich und sorgt für gute Laune. Im Sommer sitzt es sich im gemütlichen Kaffeegarten am allerschönsten, besonders wenn das Café an lauen Abenden bis 21 Uhr geöffnet hat.

Berühmt ist Backkünstler Kleißl für seine Hochzeitstorten. Zu den schönsten Kreationen zählen bislang ein Birkenstamm mit eingeritztem Herzchen und den Initialen des Brautpaars sowie ein liebevoll gestalteter VW-Bus, wie für die Hochzeitsreise gepackt. Klassische Hochzeitstorten gestaltet der Meister besonders gern mit echten Blüten als Dekor.

Adresse Café Bistro Max, Griesstraße 10a, 82467 Garmisch-Partenkirchen, Tel. 08821/9695161, www.kuchenmanufaktur.bayern | **Anfahrt** in Garmisch-Partenkirchen auf die B 23 Richtung Ehrwald, im Stadtzentrum in die Von-Müller-Straße, das Café befindet sich nach 60 Metern links | **Öffnungszeiten** Mo–Do und Sa, So 9–17 Uhr | **Tipp** Der Brunnen am St.-Josef-Platz direkt vor der Kuchenmanufaktur ist zwar zu allen Jahreszeiten schön – besonders aber, wenn er zu Josefi (19. März) festlich geschmückt wird.

34 Die Lateinschule St. Anton

Die erste höhere Schule im Werdenfelser Land

Obwohl es im Zuge des Spanischen Erbfolgekriegs im nahen Oberau zu Kampfhandlungen gekommen war, blieb Partenkirchen vor größeren Schäden bewahrt. Im Jahre 1708 stifteten vier Partenkirchener Bürger dem Schutzheiligen Antonius von Padua, der in Kriegsnöten, aber auch zum Wiederauffinden verlorener Gegenstände angerufen wird, eine Kirche samt Klausnerei oberhalb des Ortes. Bald musste das beliebte Gotteshaus vergrößert werden. 1740 entstanden der heutige Kirchenbau mit ovalem Grundriss und dem berühmten Kuppelfresko von Johann Evangelist Holzer sowie ein Priesterhaus nebenan. Wie vorgesehen wurde das Gebäude von einem Priester mit Hilfspriester bewohnt. Aber die Zeiten änderten sich.

Im Zuge der Säkularisierung 1805 wurde die Kirchenstiftung aufgelöst und die angeschlossene Klause aufgehoben – der letzte Bruder verstarb im Armenhaus. Ohnehin war der Beginn des 19. Jahrhunderts eine Zeit der gesellschaftlichen Umbrüche, das Gut »Bildung« gewann für alle Gesellschaftsschichten an Bedeutung. Doch die nächste höhere Schule lag weit außerhalb des Werdenfelser Landes, Bauernfamilien konnten und wollten ihre Kinder oft nicht ins ferne München schicken. So wurde 1822 die ehemalige Kirchenstiftung in ein Kuratbenefizium umgewandelt, mit dessen Mitteln am 27. Februar desselben Jahres die erste Werdenfelser Lateinschule im ehemaligen Priesterhaus von St. Anton eröffnet werden konnte. Im Juli ernannte man den gebürtigen Oberpfälzer Mathias Krinner zum ersten Schulbenefiziaten. Er verließ St. Anton schon nach fünf Jahren wieder und stieg zum Pfarrer und Schulinspektor von Tölz auf. War der Schuldienst im Werdenfelser Land so beschwerlich? Auch seine Nachfolger blieben jeweils nur wenige Jahre, bis die Schule 1871 nach nur 50-jährigem Bestehen ihre Tore wieder schloss.

Das ehemalige Priesterhaus befindet sich nördlich der Wallfahrtskirche.

Adresse St. Anton 1, 82467 Garmisch-Partenkirchen | **Anfahrt** in Garmisch-Partenkirchen von der Hauptstraße B 2 links in die Hölzlstraße, noch mal links in die Wankbahnstraße, an der Wankbahn vorbei bis zum Berggasthof Panorama, von hier circa 150 Meter zu Fuß nach St. Anton | **Öffnungszeiten** Priesterhaus: nur von außen zu besichtigen, Wallfahrtskirche: tagsüber | **Tipp** Unterhalb der Wallfahrtskirche wurde 1890 ein kleiner Park angelegt, an dessen unterem Ende sich die schön gestaltete Kneipp-Anlage am Brunnhäuslweg befindet.

35 Das Lifthäuschen am Wank

Was vom mondänen Skigebiet übrig blieb

Bereits 1910 hatte der Partenkirchener Gewerbeverband den Bau einer Seilbahn auf den Wank angeregt, doch es dauerte fast 20 Jahre, bis im Mai 1929 die Wankbahn ihren Betrieb aufnehmen konnte. Durch die sonnige Lage mauserte sich das kleine Skigebiet bald zum Insidertipp. Fotos aus dieser Zeit zeigen elegante Damen mit schicken Keilhosen, aufgereiht auf Sonnenliegen. Beliebter Treffpunkt war das bereits 1911 erbaute Wank-Gipfelhaus, ab 1972 noch attraktiver durch den Sonnenlift. Für die alpine Ski-WM 1978, bei der der Wank als Ersatzstrecke für den Riesenslalom vorgesehen war, wurde das Gebiet mit drei weiteren Schleppliften erschlossen. Einer davon war der Esterberglift, der vom Kaltwassergraben zum Rosswank hinaufführte und einen Höhenunterschied von 350 Metern überwand.

Die Weltmeisterschaft wurde trotzdem im Classic-Gebiet durchgeführt. Immerhin durfte der Wank 1979 den FIS-Riesenslalom ausrichten, nachdem mit dem Gschwandtlift der letzte der fünf Schlepper eröffnet worden war. In seiner maximalen Ausbaustufe erstreckte sich das Skigebiet über neun Pistenkilometer, Schaustück war die Talabfahrt via Esterbergalm mit sieben Kilometern Fahrspaß.

Auch wenn 1982 eine neue Gipfelseilbahn eingeweiht wurde, hatte das Skigebiet am Wank den Zenit seines Daseins überschritten. Nach der Fusion mit der Bayerischen Zugspitzbahn wurde die Wirtschaftlichkeit der Wankbahn überprüft und zur Wintersaison 2002/2003 der Skibetrieb endgültig eingestellt; es dauerte sieben Jahre, bis die letzten Relikte des Pistenbetriebs zurückgebaut waren. Bis auf eines: das obere Lifthäuschen des Esterberglifts am Nordosthang des Rosswanks. Im Sommer befördert die Wankbahn heute noch immer Ausflügler zum Gipfel, doch im Winter ist der Wank fest in der Hand der Skitourengeher, die bei ihrem Aufstieg über die Esterbergalm gern am alten Lifthäuschen Brotzeit machen.

Adresse Wank / Rosswank-Nordosthang, 82467 Garmisch-Partenkirchen | **Anfahrt** in Garmisch-Partenkirchen von der Hauptstraße B 2 links in die Hölzlstraße, noch mal links in die Wankbahnstraße, zum Wankgipfel per Seilbahn (Betriebszeiten Mai – Okt.), vom Gipfel aus zum Rosswank gehen, kurz unterhalb des Abzweigs zur Esterbergalm befindet sich das Lifthäuschen | **Öffnungszeiten** im Winter je nach Schneelage nur zu Fuß oder mit Tourenski erreichbar | **Tipp** Bei genügender Schneelage nimmt die Wank-Seilbahn in den Weihnachts- und Faschingsferien den Betrieb auf.

36 Der Metallskulpturenpark

Von wegen Schrott!

»Take it easy!«, grüßt ein freundliches Männchen von der grünen Wiese aus die Vorbeifahrenden. Genauso verschmitzt wie das Stahlmännchen lächelt auch sein Schöpfer, der Garmischer Künstler Herbert Saller, als er die Bedeutung dieses Kunstwerks erläutert. Es sei eine Aufmunterung für alle Skifahrer und Ausflügler, die hier am Garmischer Ortseingang häufig im Stau stehen. Aber nicht nur das Take-it-easy-Männchen schenkt eine willkommene Abwechslung vom leider allzu häufigen Stop-and-go an dieser Stelle. Schon von Weitem leuchtet dem Autofahrer der feuerrote »Brennende Dornbusch« entgegen, dessen Flammen mit dynamischer Geste fünf Meter in den Himmel ragen; der »Zerrupfte Spatz« scheint dagegen abzuwarten, was rund um ihn geschieht. Es ist unbedingt empfehlenswert, näher an die Kunstwerke heranzugehen, dann erst öffnet sich der Blick auf »David und Goliath« am Waldrand. Herrlich, wie sich der kleine rostrote David in scheinbar ungläubigem Staunen zurücklehnt, um den gefallenen Riesen in voller Größe betrachten zu können!

Rostrot? Die besondere Kunst der Skulpturen von Herbert Saller liegt nicht nur in ihrer überragend minimalistisch-aussagekräftigen Darstellung, sondern besonders darin begründet, dass es sich eigentlich um Schrott handelt. Metallabfälle, in denen der »Sallermander« schon immer etwas Besonderes gesehen hat. Zeit, sich seiner Kunst zu widmen, hatte er aber erst, als der Sohn den familieneigenen Metallbaubetrieb übernahm.

Doch auch im freien Künstlerleben wird die Zeit mitunter knapp. 1.000 Ideen habe er, so Herbert Saller, die alle nur darauf warten, in eines seiner selten unter 500 Kilogramm schweren Werke umgesetzt zu werden. Eiserne T-Balken, Stahlträger, Schienenteile der Zugspitzbahn oder alte Öltanks sind für ihn viel mehr als einfach Schrott, mit dem scharfen Blick des Künstlers entdeckt Herbert Saller das geheime Leben im Stahl.

Adresse an der B 23, Ortseingang Garmisch von Ehrwald kommend, 82467 Garmisch-Partenkirchen | **Anfahrt** in Garmisch-Partenkirchen auf die B 23 Richtung Ehrwald bis zum Ortsende fahren | **Öffnungszeiten** frei zugänglich | **Tipp** Kleinere Werke von Herbert Saller befinden sich in der Verkaufsausstellung der Galerie Sallermander, St.-Martin-Straße 6 (Tel. 08821/76206, www.sallermander.de).

37__Die Michael-Ende-Ausstellung

Lummerland in Werdenfels

»Eine Insel mit zwei Bergen und im tiefen weiten Meer ...« – Wer kennt nicht die Geschichte von Jim Knopf und Lukas dem Lokomotivführer und hat dazu die Insel Lummerland vor Augen? Der Vater Lummerlands wurde 1929 als Michael Andreas Helmuth Ende im Garmischer Gemeindekrankenhaus geboren. Schon als Kleinkind kam er mit einer glitzernden Zauberwelt in Berührung, seine Mutter führte ein Geschäft für Spitzen und Halbedelsteine. Nach vier Jahren zog die Familie nach München. Doch man sieht sich immer zweimal im Leben: Im Herbst 1943 kam Michael Ende mit seiner Klasse des Max-Gymnasiums im Zuge der Kinderlandverschickung zurück nach Garmisch, weg vom Bombenkrieg. Für den Jungen war es durch das Schicksal befreundeter jüdischer Nachbarn auch ein mit NS-Terror verbundener Ort. Jahre später trat das Max-Gymnasium ein zweites Mal in sein Leben, als ihn ein Schulkamerad um einen Bilderbuchtext bat. Es war die Geburtsstunde von Jim Knopf und Lukas, dem Lokomotivführer.

Lummerland wird oft als Metapher für einen geschützten kleinen Raum gesehen – für Michael Ende war dieser Raum Garmisch-Partenkirchen. Daneben war der Ort aber auch eine Stätte der Auseinandersetzung mit Nationalsozialismus, Rassenideologie und der Notwendigkeit des aktiven Widerstands. Wie Ende selbst in den letzten Kriegstagen bei der Freiheitsaktion Bayern sagte: »(Nur) Lokomotiven haben keinen großen Verstand, deswegen brauchen sie auch immer einen Führer.« 2007 eröffnete im Kurhaus eine Michael Ende gewidmete Dauerausstellung. Die Räume wurden von Studenten und Lehrlingen der Schnitzschule als Hommage an die einzelnen Werke Endes wie das Amphitheater von Momo gestaltet. Meistbewundertes Ausstellungsstück ist eine kleine Insel mit zwei Bergen, um die die Lok Emma unbeirrt ihre Kreise zieht.

Adresse Kurhaus Garmisch, Fürstenstraße 14, 82467 Garmisch-Partenkirchen, Tel. 08821/1807790 | Anfahrt in Garmisch-Partenkirchen auf die B 23 Richtung Ehrwald über die Loisachbrücke fahren, Parkplatz am Beginn der Fürstenstraße | Öffnungszeiten Di–So 14–18 Uhr | Tipp Im Kurpark, der zu Ehren des Schriftstellers wie ein Phantasiegarten aus einem seiner Werke gestaltet wurde, befindet sich inmitten eines Rasenlabyrinths die 1989 als Zeichen der Verbundenheit mit seinem Geburtsort von Michael Ende gepflanzte Kaiserlinde (täglich geöffnet, April–Sept. 7.30–22 Uhr, Okt.–März 7–19 Uhr).

38 Die Olympia-Ausstellung

Die Kehrseite der Medaille

Die Olympischen Winterspiele vom 6. bis 16. Februar 1936 sind die größte Sportveranstaltung, die Garmisch-Partenkirchen jemals erlebt hat. Über 700 Athleten aus 28 Ländern nahmen an den Wettkämpfen teil, erstmals auch Frauen. Rund eine halbe Million Besucher jubelte den Sportlern zu, allen voran wurde die Garmischer Skiläuferin Käthe Grasegger zum Publikumsliebling. Doch diese Olympischen Spiele waren nicht einfach ein Sportfest. Sie waren eine gezielt aufbereitete Großveranstaltung, auf der sich das nationalsozialistische Regime der Welt als friedliche Diktatur darzustellen suchte.

Im Zuge der Alpinen Ski-WM 2011 konnte die Aufarbeitung der IV. Olympischen Winterspiele erstmals im Rahmen einer Ausstellung öffentlich präsentiert werden. Seit 2013 ist sie als Dauerausstellung »Die Kehrseite der Medaille« im passenden Kontext des Garmischer Skistadions untergebracht.

Sehr detailliert, übersichtlich und reich bebildert werden dabei Hintergründe zu Organisation, Verlauf und politischer Bedeutung der von den Nationalsozialisten als Propagandabühne missbrauchten, vermeintlichen Friedensspiele dargestellt. Die ausführliche Schilderung von späteren Schicksalen olympischer Sportler unter NS-Verfolgung hinterlässt genauso ein bedrückendes Gefühl wie die Ausführungen zur Stellungnahme des IOK in Bezug auf Bedenken bezüglich der Judenverfolgung in Nazi-Deutschland.

Die Ausstellung ist auch deshalb so überzeugend, weil sie sich nicht in einer reinen Anklage erschöpft. Übersichtspläne und Informationen zu den Sportstätten und Sportlerfotos – zum Beispiel von der im aufsehenerregenden Skirock angetretenen niederländischen Skiläuferin Gratia Baronesse Schimmelpenninck van der Oye – runden die düstere Retrospektive ab.

Für die Garmischer ist sicherlich die Silbermedaille von Käthe Grasegger das Glanzstück der »Kehrseite der Medaille«.

Adresse im Olympia-Skistadion, Karl-und-Martin-Neuner-Platz, 82467 Garmisch-Partenkirchen | Anfahrt in Garmisch-Partenkirchen von der Mittenwalder Straße rechts in die Wildenauer Straße abbiegen, Parkplatz am Skistadion | Öffnungszeiten Di–So 10–16 Uhr (saisonale Abweichungen möglich) | Tipp Auf der Südseite des Skistadions befindet sich die 2007 eröffnete, 130 Meter hohe Neue Olympia-Skisprungschanze (Besichtigung Samstag 15 Uhr, Anmeldung über die Tourist-Information, Tel. 08821/180700).

39 Das Pestbrückerl am Fauken

Ein Marterl für den letzten Pesttoten Partenkirchens

Manch tragisches Ereignis ist für die Partenkirchener mit dem Faukenbach verbunden, schon das römische »Partenum« soll von seiner Wildwasserkraft schwer beschädigt worden sein. Auch bei der Pestepidemie 1634 spielte der Fauken eine zentrale Rolle.

Im Laufe des Dreißigjährigen Kriegs hatten Soldaten die Pest in Werdenfels eingeschleppt, die durch Hungersnöte infolge der »Kleinen Eiszeit« geschwächte Bevölkerung konnte dem nur wenig entgegensetzen. Im Juli 1634 erreichte die Epidemie Partenkirchen, viele Menschen fielen hier dem Schwarzen Tod zum Opfer. Die Lage war so verheerend, dass der ansässige Bader Hans Höfler vollkommen überfordert war (damals arbeiteten Bader auch als Pestärzte). Doch auf ein Gesuch der Partenkirchner an die fürstbischöfliche Landesregierung in Freising um personelle wie finanzielle Unterstützung bemerkte diese nur lapidar, keine Mittel zur Verfügung stellen zu können. Höfler tat, was er konnte, allzu oft dennoch vergebens. Dann kam der Oktober. Die Großwetterlage war kalt und stürmisch. So stürmisch, dass am 19. Oktober in der Nordsee eine Insel unterging. Mehr als 6.000 Menschen starben dort, und auch Partenkirchen wurde an diesem Tag vom Schnitter Tod heimgesucht. Am Nachmittag trieb ein Hirtenjunge seine Geißenherde entlang des Faukenbachs zurück ins Dorf, passierte genau um 16 Uhr das sogenannte »Geißbrückerl« – und brach tot zusammen. Auf dieses Ereignis hin gelobten die Partenkirchener, von nun an jeden Sonntag um 4 Uhr nachmittags in der Pfarrkirche die Glocken zu läuten, wenn kein weiterer Pesttoter mehr zu beklagen sei.

Das Geißbrückerl wird heute Pestbrückerl genannt, und noch immer läuten jeden Sonntagnachmittag Punkt 4 Uhr in Partenkirchen die Glocken, um das Gelöbnis zu erfüllen. In der Faukenstraße erinnert ein kleines Marterl an den Hirtenjungen, der der letzte Pesttote von Partenkirchen war.

Adresse Faukenstraße, 82467 Garmisch-Partenkirchen | **Anfahrt** in Garmisch-Partenkirchen auf der Hauptstraße B 2 an der zweiten Ampel links in die Ludwigsstraße, links in die Sonnenbergstraße, geradeaus über den Floriansplatz in die Faukenbachstraße, Bach und Brücke mit Marterl liegen rechter Hand | **Tipp** Direkt auf dem Floriansplatz befindet sich der 1889 vom bekannten Chemiker und Wissenschaftler Wilhelm von Miller entworfene Floriansbrunnen.

40__Das Richard-Strauss-Institut

Bei Strauss zu Hause

Wie viele andere Künstler ließ sich der Komponist und Dirigent Richard Strauss zu Beginn des 20. Jahrhunderts im Werdenfelser Land nieder. Der Erlös seiner dritten Oper »Salome« ermöglichte ihm den Kauf eines sonnigen Grundstücks in der Garmischer Zoeppritzstraße und die Errichtung einer Villa im alpenländischen Stil durch den Stararchitekten Emmanuel von Seidl (siehe Ort 82). 1908 bezog Familie Strauss ihr neues Domizil, das durch seine einzigartige Gestaltung einen ganz eigenen Zugang zum Werk des Komponisten ermöglicht. Noch heute wird es von der Familie bewohnt. Somit ist das Anwesen – sehr zum Bedauern vieler Verehrer der Strauss'schen Musik – nicht zu besichtigen.

Stellvertretende Anlaufstelle ist das am 8. September 1999, dem 50. Todestag von Richard Strauss, eröffnete Richard-Strauss-Institut. Die umfassende Bibliothek und das große musikalische Archiv mit Aufnahmen der Strauss-Werke sind eher im musikwissenschaftlichen Bereich angesiedelt, beim breiten Publikum findet besonders der interaktive Museumsteil »STRAUSS! MENSCH UND MUSIK ENTDECKEN« großen Anklang. Er ist eine Entdeckungsreise durch Leben und Werk des Künstlers, die persönliche Gegenstände wie Reisekoffer und Hausjoppe genauso umfasst wie die komplette Werksliste. Für Kinder ist das altmodische Telefon, mit dem man sich direkt mit Richard Strauss verbinden lassen kann, eine besondere Attraktion. Höhepunkt ist der interaktive, von den beiden Strauss-Enkeln begleitete Rundgang durch die Familienvilla. Rein virtuell allerdings.

Wer nach so viel geballter Information die hauseigene Cafeteria besucht, erlebt dort noch eine Überraschung: An einem Ecktisch sitzt der Meister beim Skatspielen. In Lebensgröße im Kreise seiner Freunde. Sogar die Karten liegen noch auf dem Tisch!

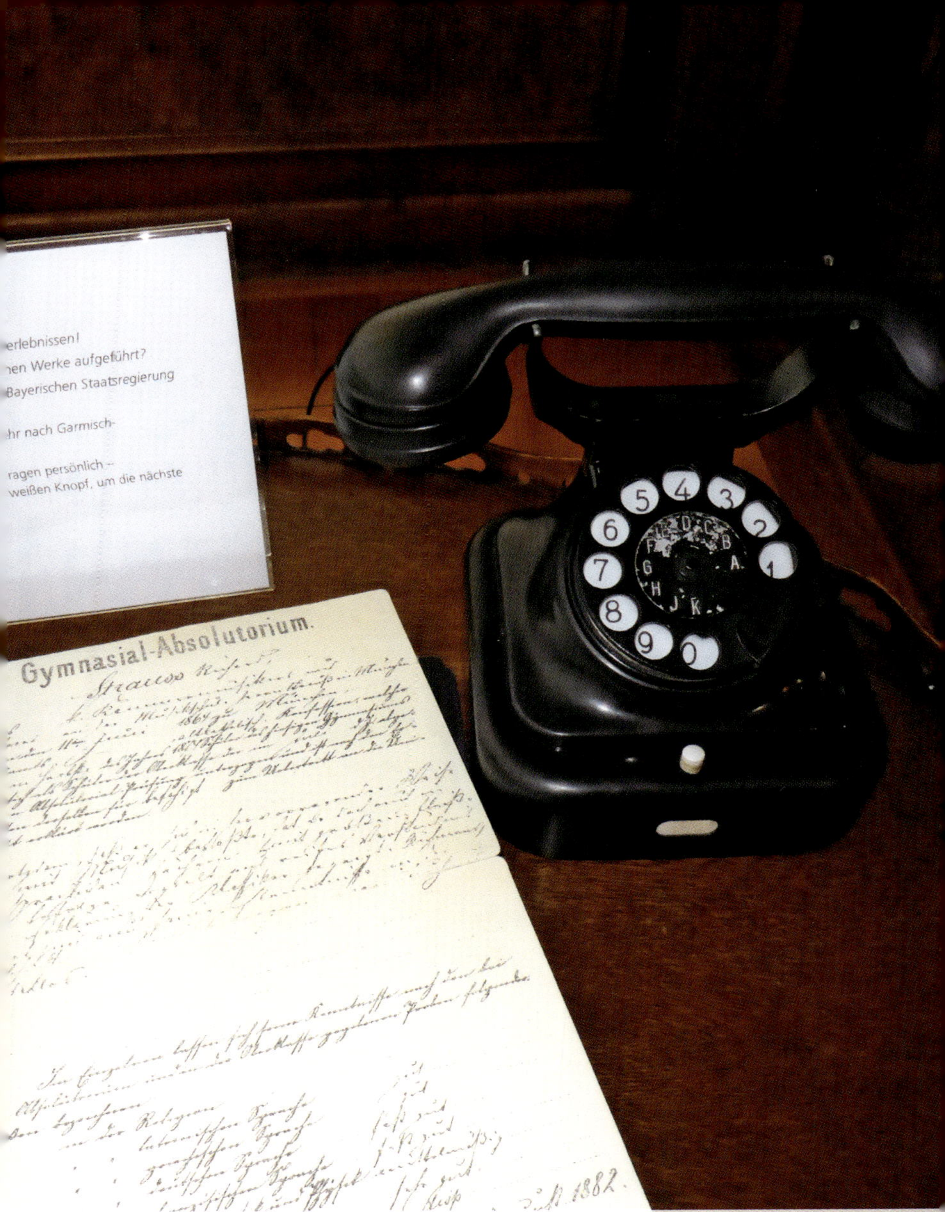

Adresse Schnitzschulstraße 19, 82467 Garmisch-Partenkirchen, Tel. 08821/9105950, www.richard-strauss-institut.de | **Anfahrt** in Garmisch-Partenkirchen von der Hauptstraße B 2 links in die Schnitzschulstraße | **Öffnungszeiten** Mo–Fr 10–16 Uhr | **Tipp** Die Alpensinfonie op. 64 gehört zu den bekanntesten Werken von Richard Strauss. Die Bilder, die der Komponist dafür in Musik umgesetzt hat, kann man am Kramerplateauweg betrachten. Für Ausblicke auf einzelnen Szenen wie »Eintritt in den Wald«, »Gefahrvolle Augenblicke« oder »Auf dem Gipfel« bietet sich besonders der Standort an der Kneippanlage Kramerplateauweg (Maximilianshöhe) an.

41 Die Skimanufaktur

Skier selbst bauen? Nichts leichter als das!

Der Skisport begleitet Skibauer Axel Forelle schon sein ganzes Leben lang, als Jugendlicher nahm er im Kader an internationalen Skirennen teil. Bei dieser engen Verbindung wundert es nicht, dass er mit 18 Jahren auf die Idee kam, selbst einen Ski zu gestalten und zu bauen.

Auch wenn aller Skibau anfangs schwer war, ließ das Projekt den Jungunternehmer nicht mehr los. Nach etwa 50 Paar Probeski war das Ergebnis nicht nur fahrbar, sondern sogar saugut. Das Geheimnis eines guten Skis, erklärt der Fachmann, liegt im Aufbau. In Zusammenarbeit mit seinem Team hat der Partenkirchener inzwischen neun verschiedene Basismodelle vom Racecarver bis zum klassischen Tourenski sowie ein schnittiges Snowboard entwickelt. Alle werden auf die Bedürfnisse seiner Kunden angepasst und von diesen in hauseigenen Seminaren selbst gefertigt. Für die Skibauseminare gilt eine Vorlaufzeit von zwei bis drei Monaten, die zum Konfigurieren des Skis nach eingehender persönlicher Beratung durch die Manufaktur notwendig ist.

Das Seminar ist alles andere als ein theoretischer Lehrgang, sondern ein zweitägiger DIY-Workshop für maximal zehn Teilnehmer. Begleitet von Leberkässemmeln und Kaffee werden Stahlkanten gebogen, Überstände verschliffen und Bauschicht um Bauschicht mit Epoxydharz festgerollt, bis am Abend des ersten Tages der Ski wie zum Ausbacken in den Ofen geschoben wird. Einer der Höhepunkte ist immer die Gestaltung der Oberseite nach ganz eigenen Vorstellungen – als klassisches Holzfurnier etwa, oder auch als Luxusvariante mit Diamantstaub. Eine Begrenzung erfährt die Ideenvielfalt höchstens durch den Preis der Materialien. Am zweiten Seminartag wird der frisch gebackene Ski in Form geschliffen, poliert und schließlich versiegelt.

Übrigens soll die Aussage »Wenn da der erste Kratzer drinnen ist, dann weine ich« auch bei der härtesten Männergruppe keine Seltenheit sein …

Adresse Build 2 Ride Showroom, Ludwigstraße 15, 82467 Garmisch-Partenkirchen, Tel. 08821/9675944, www.build2ride.com | **Anfahrt** in Garmisch-Partenkirchen von der Hauptstraße B 2 an der dritten Ampel links in die Mittenwalder Straße und nach circa 200 Metern halb links in die Ludwigstraße | **Öffnungszeiten** Mo–Fr 10–18 Uhr; Skibau-Seminare Mitte Sept.–Anfang Mai | **Tipp** Schräg gegenüber steht in der Ludwigstraße 6 das »Alte Haus« aus dem Jahre 1772, das von den großen Bränden in den Jahren 1811 und 1865 verschont blieb und eines der letzten Bauernhäuser Alt-Werdenfelser Art ist. Die schöne Fassade stammt vom bekannten Lüftlmaler Heinrich Bickel.

42 St. Martin am Grasberg

Einkehr auf der Sonnenterrasse mit Wettersteinpanorama

Viele Orte im Werdenfelser Land erinnern an die bayerischen Könige. Während Maximilian II. dort seiner Jagdleidenschaft nachging, suchte sein Sohn Ludwig II. nach der Schönheit der Bergwelt. Jedoch gab es einen Platz, wo auch Maximilian einfach nur genießen wollte. 1860 hatte er sich oberhalb des Pflegersees einen Jagdstand (siehe Ort 31) errichten lassen. Öfter als diesen besuchte er aber eine Ruhebank nach etwa einem Drittel des Weges. Von der Aussicht dort war er so begeistert, dass er die Stelle mehrfach als den »schönsten Punkt im Werdenfelser Land« bezeichnete.

60 Jahre später gab es keine Könige mehr in Bayern – dafür findige Unternehmer. Wo einst der König 300 Meter über dem Tal den Blick auf das Wettersteingebirge genossen hatte, erbaute ein Martin Bader im Jahr 1920 eine kleine Berggaststätte. Und weil er das Versprechen gegeben hatte, daneben eine Kapelle zu Ehren des heiligen Martin zu errichten, erhielt die Gaststätte den Namenszusatz »Sankt«. Erfüllt wurde das Versprechen bislang allerdings nicht. Damals wie heute lockt vor allem die windgeschützte Sonnenterrasse direkt gegenüber Alpspitze, Jubiläumsgrad und Zugspitze nach St. Martin. Auch die Gaststube strahlt wie vor 90 Jahren das aus, was man landläufig unter »bayerischer Gemütlichkeit« versteht. Und genau wie damals wird noch immer ohne elektrischen Strom gekocht!

Seit Anfang der 1980er Jahre ist St. Martin im Besitz der jetzigen Wirtsfamilie, die das schmucke Berghaus mit viel Liebe und Engagement führt und die Gäste mit bayerischen Schmankerln, hausgemachten Kuchen und Apfelstrudel verwöhnt.

Am allerschönsten ist der Besuch auf St. Martin im Winter bei genügender Schneelage: Schon im Jahr der Eröffnung der St. Martinshütte wurde der 2,4 Kilometer lange Weg ins Tal als Rodelstrecke eingerichtet. Die Strecke ist auch für Rodel-Anfänger geeignet.

Adresse Am Grasberg 1, 82467 Garmisch-Partenkirchen, Tel. 08821/4970, www.martinshuette-grasberg.de | **Anfahrt** in Garmisch-Partenkirchen auf die B 23 Richtung Ehrwald, bis zur JVA, rechts in die Fürstenstraße, die zweite links in die Lazarettstraße, gleich rechts in die Kleinfeldstraße und wieder links in die Brauhausstraße, am Straßenende bei der Bayernhalle parken, zu Fuß über die Forststraße nach St. Martin | **Öffnungszeiten** Mi–Mo 10–18 Uhr | **Tipp** Unterhalb von der Bergwirtschaft befindet sich am Kramerplateauweg die 1852 erbaute Kriegergedächtniskapelle für die Vermissten und Gefallenen des Zweiten Weltkriegs. Der Volkstrachtenverein Garmisch hält dort an jedem zweiten Sonntag im Oktober einen Gedenkgottesdienst ab.

43 St. Petersbad im Wald

Die vergessene Heilquelle

Vermutlich ein ehemaliger Kultbrunnen sei das »St. Petersbad im Wald« bei Garmisch, schreibt Heimatforscher Max Höfler Ende des 19. Jahrhunderts. Einst war es weit über die Grenzen der Grafschaft Werdenfels hinaus bekannt, zeitgenössische Reiseführer empfehlen für den Aufenthalt in Garmisch neben dem Besuch der Nikolauskirche, Vorgängerbau der heutigen Pfarrkirche St. Martin, die unbedingte Visitation des St. Petersbads. Auch in balneologische (heilbäderkundliche) Ratgeber der frühen Neuzeit fand das Petersbad als Mineralquelle »im Gebirge an dem Cobelsberg« Eingang.

1506 wurde die Heilquelle als Besitz des Freisinger Bischofs erstmalig urkundlich erwähnt, spätestens um 1900 war sie in Vergessenheit geraten und scheint seitdem in einen Märchenschlaf gefallen. Wie viele Menschen hier schon Heilung gesucht und gefunden haben, ahnt niemand, der zufällig die stille Waldquelle passiert.

Eingebettet in eine sanfte Mulde des Bergwalds oberhalb der Kochelbergalm, wirkt die Petersquelle ganz klein und unauffällig. Ein Metallrohr leitet den feinen Wasserstrahl in eine Fassung aus Kalksteinbrocken, die nicht viel größer als ein halber Meter im Durchmesser ist. Auffallend ist lediglich der Geruch, besonders an schwülheißen Sommernachmittagen ist der signifikante Schwefelgestank nach faulen Eiern unüberriechbar. Ein weiteres Indiz für den nicht unwesentlichen Schwefelgehalt des Wassers sind die gelblichen Ablagerungen am Rand der Petersquelle. Bäder in einem Gemisch aus verschiedenen Schwefelverbindungen regen die Durchblutung an und werden vor allem bei Gelenkerkrankungen eingesetzt. Für ein Vollbad ist die Schüttleistung der Quelle allerdings viel zu gering, zudem ist es auch kein heißes, sondern kühles, frisches Bergwasser, das hier aus dem Gestein emporquillt. Aber eine Trinkkur mit dem Peterswasser durchzuführen ist allemal empfehlenswert.

Adresse Petersquelle, Am Petersbad, 82467 Garmisch-Partenkirchen | **Anfahrt** in Garmisch-Partenkirchen von der Hauptstraße B 2 in die Bahnhofstraße und zum Hausberg (Beschilderung), weiter vom Parkplatz über die Kochelbergalm in Richtung Partnachalm; Quelle liegt circa 300 Meter nach der Wegkreuzung im Wald am rechten Wegrand | **Tipp** Sehr gemütlich sitzt man auf der Sonnenterrasse der Kochelbergalm, für Kinder ist der kleine Haus-Tierpark mit Ziegen und Schweinen eine Attraktion (Petersbad 1, www.kochelberg-alm.de).

44 Die Stuibenhütte

Die Hütte mit dem schönsten Nebengebäude Europas

Die Stuibenalm gehört zu den schönsten Fleckchen rund um Garmisch-Partenkirchen. Eine Feststellung, die keineswegs besonders neu ist. Bereits Reiseführer des 19. Jahrhunderts rieten unbedingt zu einem Besuch der »idyllisch gelegenen Alpe«, deren alter, heute fast vergessener Flurname aussagekräftig »Ochsenhimmel« lautet. Den Sommer verbrachte dort oben ein Hirte, im Winter hielten sich die Menschen fern vom Stuiben. Zu bedrohlich erschienen dort die Naturgewalten. Tatsächlich sieht es ausgesprochen wild aus, wenn der Wind – wie es häufig geschieht – im Winter große Schneefahnen über der Stuibenwand aufstieben lässt.

Nachdem die alte Almhütte abgebrannt war, wurde es auch im Sommer einsam am Stuiben. Bis die Alpenvereinssektion Garmisch vor rund 100 Jahren noch vor jedem Bahnbetrieb beschloss, den relativ lawinensicheren Stuiben zu ihrem Skisportzentrum auszubauen. Im Sommer 1920 wurde die noch heute bestehende Stuibenhütte errichtet. Leider fiel sie wie viele andere Hütten dem Zweiten Weltkrieg zum Opfer und musste von Grund auf saniert werden. Zwei Dinge galten für die Stuibenhütte schon bei ihrer Eröffnung: Zum einen war sie ausschließlich im Winter geöffnet, zum anderen nur bewartet. Auch heute hält der Hüttenwart zwar Getränke zum Verkauf bereit, das Essen muss aber selbst mitgebracht werden. Am besten Spaghetti, die abends in einem großen Topf für alle Gäste gemeinsam zubereitet werden. Der Ruf der Hüttenwarte vom Stuiben ist legendär. Es waren Charismatiker darunter, die wie der berühmte Fischer Franz den Winter am Stuiben und den Sommer auf der Klettererhütte im Oberreintal verbrachten. Vom Fischer Franz, ohnehin bekannt für diverse markige Sprüche, stammt auch die Bezeichnung des Klohäusls der Stuibenhütte: schönstes Nebengebäude Europas.

Vielleicht aber ist der Höhepunkt eines Besuchs auf der Stuibenhütte doch die sonnige Hüttenterrasse und nicht das Klohäusl.

Adresse 82467 Garmisch-Partenkirchen, www.alpenverein-gapa.de | **Anfahrt** in Garmisch-Partenkirchen auf die B 23 Richtung Ehrwald, kurz vor dem Ortsende links in die Kreuzeckstraße zum Parkplatz Alpspitzbahn; von der Bergstation auf der Piste zur Talstation des Bernadein-Schlepplifts, eine rote Stange markiert den Pfad rechts in den Wald; auffellen und dem Forstweg in südöstlicher Richtung zur Waldschneise unterhalb der Stuibenhütte folgen; ausschließlich mit Tourenskiern oder Schneeschuhen zu erreichen, es gibt ein gesondertes Ticket für Tourengeher (an der Kasse nachfragen) | **Öffnungszeiten** Weihnachten – Ostern (angepasst an die Öffnungszeiten des Classic Skigebiets) | **Tipp** Die Stuibenspitze (1.924 Meter) ist ein schönes Ziel für Einsteiger in das Tourenskifahren und zumeist lawinensicher von der Hütte aus zu erreichen.

45_Susi's Schmuckwerkstatt

Werdenfelser Goldschmiedehandwerk in der Almhütte

Die verspielt verdrehte Silberspirale am Kettenverschluss ziert ein besonders geformter Kieselstein aus der Ackerlaine. An den sorgfältig aufgereihten Holzkugeln ist noch die durchgehende Maserung des Wurzelstocks zu sehen, den die Goldschmiedin Susi Dahlmeier aus den Wäldern oberhalb des Eibsees heruntergebracht hat. Die Garmischerin ist häufig in den Bergen rund um ihren Heimatort unterwegs, um besondere Stücke für ihren Schmuck zu suchen. Diese verarbeitet, nein, komponiert sie in ihrer Schmuckwerkstatt zu einzigartigen Kleinoden.

Die Verbindung von eigentlich ganz schlichten, bei näherer Betrachtung aber vollendet exquisiten Naturmaterialien mit Edelmetallen wie Silber oder Gold reizt Susi Dahlmeier am meisten. So entstehen entzückende Besonderheiten wie ein zarter Goldschmetterling mit Flügeln aus Alpenopal oder eine Bernsteinkette mit Sonnenanhänger aus Holz, in dem sich ein klitzekleines Geheimfach befindet. Alle sind dabei Einzelstücke. In den formvollendeten Arbeiten gibt es viel zu entdecken, fast immer zeigen sie eine zeitlose Symbolik und laden zum Nachdenken ein. Welches Schmuckstück zu wem passt, dafür hat Susi Dahlmeier einen treffsicheren Blick und ein ausgeprägtes Gespür. Ihre individuellen, speziell für einen Kunden entworfenen Arbeiten sind ein Geheimtipp als Geschenk zu Geburten, Hochzeiten und anderen besonderen Anlässen.

Dass solche Kreationen nur an besonderen Orten entstehen können, ist natürlich klar. Die kleine Almhütte mitten in Garmisch-Partenkirchen ist solch ein Ort, seit 2002 fertigt Susi Dahlmeier hier ihre filigranen Kunstwerke. Dabei ist die Hütte nicht nur Werkstatt, sondern gleichzeitig Ausstellungsraum. Bei fachkundiger Beratung kann der Besucher vielerlei kunstvoll verarbeitete Schätze der Natur, funkelnde Sonnenscheiben und dazwischen – irgendwie gar nicht erstaunlich – viele kleine Hexen entdecken.

Adresse Kleinfeldstraße 41, 82467 Garmisch-Partenkirchen, Tel. 08821/51319, www.susis-schmuckwerkstatt.de | Anfahrt in Garmisch-Partenkirchen auf die B 23 Richtung Ehrwald, bis zur Ampel an der Loisachbrücke, rechts in die Loisachstraße, nach 360 Metern wieder rechts in die Grasbergstraße, dem Straßenverlauf für weitere 260 Meter folgen und links in die Kleinfeldstraße | Öffnungszeiten Mo, Mi, Fr 8 – 12 Uhr und nach Vereinbarung | Tipp Besonders schöne, bunte Kieselsteine kann man entlang der Loisach finden, auch direkt in Garmisch unterhalb der Loisachstraße.

46 Die Trifterkreuze Wildenau

Stumme Zeugen einer lebensgefährlichen Arbeit

Um den willkürlichen Holzschlag einzugrenzen, erließen die Freisinger Bischöfe im 18. Jahrhundert eine Holzverordnung. Privaten Haushalten war das Schlagen von Brenn- und Bauholz künftig nur noch in den bischöflichen Wäldern im Ferchental, Reintal und Stubengebiet gestattet – ein großes Gebiet, das es schwierig machte, das geschlagene Holz nach Hause zu bringen. Der Transport musste durch Trift erfolgen: Nach dem Fällen wurden die Baumstämme auf einen Meter zugeschnitten, mit der jeweiligen »Hausmarch« als Zeichen des Holzberechtigten gekennzeichnet und in die Partnach geworfen, um im Tal bei der Partnachbrücke (heute »Am Holzhof«) wieder herausgefischt zu werden. Immer wieder verkeilten sich Stämme auf ihrem Weg ins Tal. Mit den Grieshaken, langen Holzstangen mit einem Eisendorn an der Spitze, konnten die Holzer die Verklausungen wieder lösen. Eine lebensgefährliche Arbeit. Vor allem Mitter- und Hinterklamm waren nur von oben her zugänglich; mit einem hölzernen Gestell auf dem Kopf gegen Steinschlag gesichert, wurden die Arbeiter dort an Seilen hinabgelassen.

In der großen, bis zu 80 Meter tiefen, vorderen Partnachklamm verbesserte ab 1886 ein direkt über dem Wasserniveau in die Felswände eingeschlagener Triftsteig die Zugänglichkeit; im Dunkel der Klamm sind noch Reste der Eisentritte zu erkennen. Ungefährlicher wurde die Holztrift dadurch nicht.

Wie riskant sie war, davon erzählen fünf kleine Marterl in der Wildenau am Weg zur Partnachklamm: »Josef Heiß am 26.6.1875 beim Holztriften ertrunken« und »Anton Fütterer am 23.6.1891 ertrunken beim Triften«, steht dort zu lesen. Die Häufung der Unfälle im Juni ist kein Zufall, dies war wegen der stärkeren Wasserführung infolge der Schneeschmelze die günstigste Jahreszeit für die Trift. Erst zu Beginn der 1960er Jahre wurde das Triften eingestellt.

Adresse Wildenauer Straße an der Abzweigung zum Hohen Weg, 82467 Garmisch-Partenkirchen | **Anfahrt** in Garmisch-Partenkirchen von der Mittenwalder Straße B 2 rechts in die Wildenauer Straße, Parkplatz am Skistadion; der Wildenauer Straße für circa 650 Meter folgen, die Trifterkreuze befinden sich rechts der Straße | **Tipp** Viel ungefährlicher ist heute das Naturschauspiel der Partnachklamm zu erleben, die ganzjährig auf dem 1912 angelegten Klammsteig durchwandert werden kann (tagsüber kostenpflichtig, aus Sicherheitsgründen sind kurzfristige Schließungen möglich).

47__Der Wamberger Friedhof

Höchstgelegener Gottesacker Deutschlands

Sehr groß ist er nicht, der Friedhof von Wamberg, mit seinen knapp 500 Quadratmetern. Trotzdem ist er der Grund, dass Wamberg als eher kleines Dorf mit nur neun Höfen bis zur Bayerischen Gemeindegebietsreform 1978 Kirchdorf und eine eigenständige Gemeinde mit zehn Ortsteilen war. Kirchdorf konnten nur Ansiedlungen werden, die über eine Kirche – keine Kapelle! – mit Pfarrer und angeschlossenem Friedhof verfügten.

Bereits 1721 war in Wamberg als Ersatz für eine baufällige Holzkapelle die Kirche St. Anna geweiht worden, deren Hochaltar mit der Kirchenpatronin als »Anna selbdritt« vom berühmtesten Wamberger Bildhauer, Andreas Onich, gestaltet ist. Den Urkunden nach explizit an einer trockenen Stelle erbaut, war sie lange Zeit auch eine beliebte Wallfahrtskirche, wovon heute noch Votivtafeln im Kircheninneren erzählen. Vom Graseck, aus dem Reintal, von Kaltenbrunn herauf und von Schlattan und Gschwandt herüber kamen die Menschen zu den Gottesdiensten nach Wamberg.

Und um hier ihre Toten zu bestatten. Ein Teil der rund 20 Familiengräber auf dem Friedhof gehört noch heute zu Familien aus den ehemaligen Wamberger Ortsteilen. Auch die ältesten Gräber sind liebevoll gepflegt. Eine Besonderheit des Dorffriedhofs sind mehrere Kindergräber, in denen auffallend viele Zwillinge beerdigt sind. Ein alter Wamberger bemerkte zur Lage des Friedhofs vor der imposanten Kulisse treffend: »Alle finden ihn schön – aber keiner mag hin!«

Auch wenn in Wamberg Traditionen gepflegt werden, sich die Ortsgeschichte bis in das 12. Jahrhundert zurückverfolgen lässt und das Dorf fast so scheint, als sei es gerade einem Freilichtmuseum entstiegen – es ist ohne Zweifel im 21. Jahrhundert angekommen. Spätestens seit 2011 endlich die den Wambergern bereits zu ihrer Eingemeindung versprochene Straße gebaut wurde, über die das Dorf zu jeder Jahreszeit angefahren werden kann.

Adresse Wamberg, 82467 Garmisch-Partenkirchen | **Anfahrt** von Garmisch-Partenkirchen auf der B 2 Richtung Mittenwald, circa 3,5 Kilometer nach dem Ortsende von Garmisch rechts die Anlieger-Straße nach Wamberg; Parkplatz an der Abzweigung und dann zu Fuß auf der Fahrstraße | **Öffnungszeiten** tagsüber | **Tipp** Der seit mehr als 100 Jahren bestehende Berggasthof Wamberg ist ein Familienbetrieb, der wegen seiner aussichtsreichen Sonnenterrasse wie auch wegen seiner guten regionalen Küche empfehlenswert ist. Als Zuckerl ist die Zufahrt für Gäste auch mit dem Pkw gestattet! (Tel. 08821/2293, www.berggasthof-wamberg.de)

48 Die Wetterwarte

Wetterbeobachtungen 24/7 seit über 100 Jahren

»Der Sonnenaufgang, definitiv der Sonnenaufgang!«, schwärmt der diensthabende Meteorologe auf die Frage, was für ihn das Schönste an der Zugspitze sei. Augenblicke wie diese genießen zu können, macht den Dienst in der höchsten Wetterwarte Deutschlands zu etwas ganz Besonderem. Auch wenn der Tagesablauf ansonsten streng getaktet ist, um zwischen 5 und 21.30 Uhr alle 30 Minuten die Messwerte zum Wettergeschehen aufzuzeichnen. Bei Wind und Wetter – gerade dann! – muss der Wart zudem auf das Plateau des dreigeschossigen Wetterturms steigen, um Vereisungen an Thermometer und Windmesser zu beheben. Der Aufgabenbereich der Wetterstation umfasst neben klimatologischem Beobachtungsdienst auch Radioaktivitätsmessungen und eine Beteiligung am Lawinenwarndienst.

Die »Königlich Bayerische Meteorologische Centralstation« wurde auf Initiative des Deutschen Alpenvereins geplant und am 19. Juli 1900 eingeweiht. Der erste Meteorologe hier oben war Josef Enzensperger, später Teilnehmer der einzigen deutschen Südpolexpedition. Ein ganzes Jahr hat Enzensperger auf der Zugspitze verbracht, das Winterhalbjahr vollkommen allein … bis auf einen Besuch des Garmischer Bergführers Schweizer Bartl, der am Heiligabend auf Skiern einen kleinen Christbaum für den einsamen Meteorologen herauftrug.

Ganz von der Welt abgeschnitten war Enzensberger aber nicht, mittels einer Morseleitung konnte er die tagesaktuellen Wetterwerte ins Tal melden. Eine meteorologische Messreihe, die bis heute – mit Ausnahme der dreimonatigen Besatzungszeit durch die US-Armee nach Kriegsende im Sommer 1945 – lückenlos fortgesetzt ist. Neben der Technik hat sich auch die Dienstlänge deutlich verändert: Heute bleiben Meteorologen nur 24 Stunden auf der Zugspitze, so nicht einer der berüchtigten Höhenstürme den Rückweg ins Tal verhindert. Dies geschieht aber durchschnittlich nur dreimal im Jahr.

Adresse Zugspitze, 82467 Garmisch-Partenkirchen, Tel. 08821/752115, wewa.zugspitze@dwd.de | **Anfahrt** von Garmisch-Partenkirchen auf der B 23 Richtung Ehrwald, an der Abzweigung Grainau links zum Eibsee, Parkplatz an der Zugspitzbahn; mit der Eibsee-Seilbahn direkt zum Zugspitzgipfel (Betriebszeiten unter http://zugspitze.de/de/aktuell/oeffnungszeiten) | **Öffnungszeiten** im Rahmen angemeldeter Führungen | **Tipp** 100 Meter von der Wetterwarte entfernt befindet sich auf der Zugspitze der höchstgelegene Briefkasten Deutschlands, der einmal täglich geleert wird.

49_Zu den Sieben Sprüngen

Sieben Quellen und ein Gedicht

Bei der Gründung des Deutschen Alpenvereins 1869 hatte die Sektion München mit wenigen lokalen Ausnahmen das Arbeitsgebiet Wettersteingebirge und damit die Betreuung der dortigen alpinsportlichen Einrichtungen übernommen. Durch das Engagement der Sektion, den Ausbau der Knorrhütte am Zugspitzplatt und die Eröffnung des Münchner Hauses auf dem Zugspitzgipfel im Jahre 1897, nahm die Zahl der Bergsteiger stetig zu. Die meisten wählten den (leichtesten, aber längsten) Weg auf die Zugspitze. Das erhöhte Interesse bedingte neben dem Bau einer zusätzlichen Schutzhütte am Reintalanger den Ausbau des gut zwölf Kilometer langen Pfads durch das Reintal mit der Errichtung von Wegweisern und Bänken am Wegesrand. Eine der Arbeitstouren war das »Anbringen einer Ruhebank an der Quelle zu den sieben Sprüngen im Rheintal« im Jahre 1883, wie in der Vereinschronik erwähnt wird. Auch im »Führer durch das Wettersteingebirge« von Heinrich Schwaiger von 1893 wird auf diese schöne Ruhebank hingewiesen, neben der sich ein Blechschild mit dem Gedicht »An den Wanderer« des Münchner Stadtarchivars Ernst von Destouches (1843–1916) befand.

Diese Tafel ist noch heute erhalten – aber so stark verwittert, dass die Verse bald für immer verloren gewesen wären, hätte sich nicht der engagierte Bergsteiger Adolf Triller aus Germering bei München 2009 auf Spurensuche begeben. Im Münchner Stadtarchiv fand er schließlich im unveröffentlichten Nachlass Destouches' ein handgeschriebenes Gedicht mit dem Titel: »An den Wanderer – für die Marmortafel an der Quelle zu den sieben Sprüngen im Rainthal«.

Und ob es nun Reintal, Rheintal oder Rainthal heißt – der Ort ist immer derselbe, auch wenn die geplante Marmortafel nie realisiert wurde. Auch von den ehemals sieben Quellen sind heute nur noch drei bekannt und aktiv. Die erste liegt rechts des Weges, die beiden anderen kurz darauf links nebeneinander.

Adresse Reintal, 82467 Garmisch-Partenkirchen | **Anfahrt** in Garmisch-Partenkirchen von der Mittenwalder Straße rechts in die Wildenauer Straße zum Parkplatz am Skistadion abbiegen, zu Fuß durch die Partnachklamm in das Reintal zur Bockhütte (1.052 Meter) und den Sieben Sprüngen (circa 1.400 Meter nach der Bockhütte) | **Tipp** Die Bockhütte wurde bereits vor über 300 Jahren urkundlich erwähnt und ist noch immer Stützpunkt für die Hirten im Reintal. Während der Weidesaison von Ende Juni bis Mitte September lädt sie zu Brotzeit und Kuchen ein (www.bockhütte.de).

50 Der Bahnhof Riffelriss

Der abgelegenste Bahnhof Deutschlands

Nach über 30-jähriger Projektphase konnten im Sommer 1928 endlich die Bauarbeiten zur Zugspitzbahn aufgenommen werden. Bereits Ende 1929 war das erste Teilstück zwischen Garmisch und Eibsee betriebsfertig. Direkt im Anschluss beginnt eine Steigungsstrecke, die ab dem Bahnhof Riffelriss durch einen Tunnel bis zum Skigebiet Zugspitzplatt führt. Für den Tunnelbau bezogen im April 1929 über 800 Arbeiter im Baulager Riffelriss Quartier. Dabei entstand ein kleines Dorf mit Wohnbaracken, Werkstätten, Küche und Kantine. Frischwasser wurde täglich mittels einer Hilfsseilbahn vom Eibsee heraufgebracht.

Nach der Eröffnung der Zugspitzbahn 1930 wurde es ruhig am Riffelriss, an die Stelle des einstigen Baudorfs trat ein kleiner Bahnhof. Er liegt in exponierter Hanglage auf 1.640 Metern Seehöhe am steilen Nordwestabsturz des Zugspitzmassivs. Ganz schmucklos, mit nur einem Bahnsteig. Er war für Fahrgäste gedacht, die bei einem kurzen Zwischenausstieg das Eibseepanorama fotografieren wollten. Nur wenige Wanderer, die von der Hochtörlehütte herabkommen, steigen hier ein, noch weniger steigen aus, um die vier Stunden über die Riffelscharte zur Höllentalangerhütte zu wandern.

1962 errichtete die Bergwacht Grainau unterhalb des Bahnhofs die Dr.-Hans-Gazert-Diensthütte, gleichzeitig wurde die 4,5 Kilometer lange Riffelriss-Skiabfahrt angelegt. Die nicht präparierte Tourenabfahrt erfreut sich besonders bei Einheimischen und Variantenfahrern an Beliebtheit, gehört aber zu den ruhigeren Abfahrten rund um die Zugspitze. Doch neuerdings ist an einem Tag im Jahr alles anders. Wenn der SC Grainau zum Tourenskiwettbewerb »Riffeladler« ruft, starten immer Anfang März bis zu 70 Teilnehmer zusammen am Eibsee. Von dort führt der Aufstieg zum Abfellplatz am Riffelriss, bevor es für die Gesamtwertung an die Abfahrt geht. Die besten Zuschauerplätze sind natürlich am Bahnhof Riffelriss.

Adresse oberhalb des Eibsees, 82491 Grainau, www.zugspitzbahn.de | **Anfahrt** von Garmisch-Partenkirchen auf der B 23 Richtung Ehrwald, an der Abzweigung Grainau zum Eibsee, von dort mit der Zahnradbahn oder zu Fuß | **Tipp** Eine ausgemusterte Lok der Zugspitzbahn aus den 1950er Jahren steht heute als Denkmal auf dem Rathausplatz in Garmisch-Partenkirchen.

51_Der Eibseeblick

Wo das doppelte Lottchen Brotzeit machte

Für das kleine Mädchen war es ein Wochenende wie Himbeeren mit Schlagsahne. Mit ihrer Mutti, Mundharmonika und lautem Gesang marschierte sie von Garmisch aus los, übernachtete in Griesen, wanderte nach Ehrwald und von dort zurück über das Törl. Ein »Gekraxel« war das am Törl, es gab Millionen von Wiesenblumen, gekochte Eier und Käsebrote. Der Ort, an dem Luise – alias Lottchen – mit der Mutti dieses kleine Brotzeitglück genossen hat, heißt heute Eibseeblick. Obwohl die Aussicht durch hochgeschossene Bäume beeinträchtigt ist. Eine schöne Rastbank erinnert aber noch an den Ausblick auf den türkisgrünen See, »als ob der liebe Gott bloß mal so hingespuckt« hätte, wie Erich Kästner sein doppeltes Lottchen sagen lässt.

Nach den Schrecken von NS-Diktatur und Krieg – Kästners Bücher waren 1933 verbrannt worden, und er stand unter Gestapo-Beobachtung – war der Schriftsteller nach München gezogen. Vielleicht war es die Nähe zu seinem geliebten Garmisch-Partenkirchen, die ihn gerade diese Großstadt als Wohnort wählen ließ. Häufig besuchte er Garmisch für ausgedehnte Bergwanderungen. Den Ausflug von Mutter und Tochter Körner aus dem Kinderbuch »Das doppelte Lottchen« dürfte er selbst so unternommen haben, samt abschließendem Erfrischungsbad im Eibsee.

In seinen Kindheitserinnerungen »Als ich ein kleiner Junge war« stellt Kästner die Marktgemeinde mit Städten wie London, Wien und Nizza auf eine Stufe, doch er sieht das Zusammentreffen von Massentourismus und Natur durchaus kritisch. Seine Ballade »Maskenball im Hochgebirge« beschreibt die Dekadenz der feinen Gesellschaft, die sich narrenfrei im Naturraum Gebirge bewegt, was in einer Lawinentragödie endet. Hat Kästner das Lawinenunglück vom Schneefernerhaus 1965 vorausgesehen? Das doppelte Lottchen wanderte fernab vom Massentourismus, in einer Gegend, die für Erich Kästner »so schön war wie nichts auf der Welt«.

Adresse an der Landesgrenze zwischen Eibsee und Hochtörlehütte bei Ehrwald, 82491 Grainau | **Anfahrt** von Garmisch-Partenkirchen auf der B 23 Richtung Ehrwald, an der Abzweigung Grainau zum Eibsee, dem breiten Uferweg bis zu einer Gabelung folgen, Beschilderung »Hochtörlehütte« beziehungsweise »Eibseeblick« nach links folgen | **Öffnungszeiten** erreichbar von Anfang Mai bis zum ersten Schneefall | **Tipp** Auf der Tiroler Seite befindet sich die in 20 Minuten leicht erreichbare Hochtörlehütte, die von Anfang Mai bis Ende Oktober zu heimischen Spezialitäten, Jausen und hausgemachten Kuchen einlädt (www.hochthörlehütte.at).

52 Das Höllental-Museum

Liebevolle Dokumentation höllischer Leistungen

Vier Jahre lang hatten die Arbeiten am Weg durch die Höllentalklamm gedauert, bis am 15. August 1905 die feierliche Eröffnung stattfinden konnte. Es muss ein großer Festtag für den damaligen Vorsitzenden der kleinen Alpenvereinssektion Garmisch, Adolf Zoeppritz, gewesen sein. Nicht nur als treibende Kraft hinter der wagemutigen Idee, sondern auch als leitender Ingenieur, wirtschaftlicher Förderer und zupackender Wegebauer hatte er das Projekt zum Ausbau der Höllentalklamm für den Tourismus gestemmt. Wie schwierig die Verhältnisse in der bis zu 150 Meter tiefen Felsenschlucht für Planung und Durchführung der Arbeiten waren, zeigt sich noch heute an den jährlichen Ab- und Aufbauarbeiten von Teilen des Steigs zur Wintersicherung, organisiert und durchgeführt von ehrenamtlichen Klammreferenten der Alpenvereinssektion.

2011 erfuhr die »höllische Leistung« von Adolf Zoeppritz und seinen Mitstreitern auf Anregung des langjährigen Klammreferenten Hans Hofmann mit der Eröffnung des Höllental-Museums eine verdiente Würdigung; gemeinsam mit Alpenvereinshistoriker Peter Schwarz hatte er dafür in Zusammenarbeit mit der Landesstelle für nichtstaatliche Museen in Bayern das Konzept eines autarken Kleinmuseums entworfen. Mittels zahlreicher Exponate, Fotografien und Infotafeln wird die Erschließung der Klamm als zentrales Sujet der Ausstellung in einen breiten Gesamtkontext gesetzt: angefangen bei der Gegenüberstellung der Entstehungssage der Klamm und der geologischen Fakten, über die Bergbaugeschichte bis zur Geschichte des Alpinismus auf der Nordseite des Zugspitzmassivs. Daneben wird auch die Bedeutung des Höllentals in der Kunst beleuchtet: Maler wie Wassily Kandinsky, Ernst Platz oder E.T. Compton fanden dort ihre Motive.

Übrigens ist die Holzhütte am Klammeingang nicht nur das höchstgelegene, sondern wohl auch das kleinste Museum Deutschlands.

Adresse Höllentalklamm, 82491 Grainau | **Anfahrt** von Garmisch-Partenkirchen auf der B 23 Richtung Ehrwald, an der Abzweigung »Hammersbach« links, dort vom Wanderparkplatz über den Klammweg zur Höllental-Eingangshütte (Museum 50 Meter hinter dem Drehkreuz) | **Öffnungszeiten** Im Winter geschlossen, je nach Schneelage wird der Weg erst circa Anfang Juni geöffnet. | **Tipp** Wandert man durch die circa 700 Meter lange Klamm (Regenbekleidung empfehlenswert), erreicht man den Höllentalanger mit der erst 2015 als Neubau eröffneten Höllentalangerhütte (www.davplus.de/hoellentalangerhuette).

53_Das kleine Drachenseelein

Versetzt in Harry Potters Zauberland

Viele deutsche Sagen handeln von Drachen, Lindwürmern und anderen feurigen Ungeheuern. Eine besondere Dichte an Drachensagen findet sich im bayerischen Oberland rund um Werdenfels. Im Norden treibt der Murnauer Drachen sein Unwesen (siehe Ort 84), im Westen der Drachen vom Urisee bei Reutte, im Osten soll ein Drachen auf dem Grund des Walchensees hausen, und auf der Südseite des Wettersteinmassivs wacht eines dieser Wesen über den Drachensee bei Ehrwald.

In Mythologie und Sagen stehen Drachen meist für die in vorchristlicher Zeit als weiblich angesehene Erdenkraft, »Drachenorte« befinden sich deshalb häufig an alten Kultstätten früherer Kulturen. Auch im Herzen des Werdenfelser Landes gibt es solch einen Ort. Das kleine Drachenseelein nördlich des wesentlich größeren und wesentlich bekannteren Eibsees wirkt ein bisschen verwunschener. Eingebettet in eine urtümlich-wilde Kulisse mit moosüberzogenen Felsblöcken und knorrigen Bäumen, könnte man sich hier fast in eine Landschaft aus einem Harry-Potter-Film versetzt fühlen. Das eiskalte Wasser des Seeleins scheint von Weitem pastellgrün wie Gletschermilch, ist von Nahem jedoch kristallklar.

Nur 150 Meter tiefer im Wald befindet sich eine kleine Halbhöhle aus aufeinandergestapelten Felsen, in die man durch einen schmalen Schluf (Engstelle) gelangt. Über den etwa zwei mal drei Meter großen Innenraum spannt sich ein ausladendes Felsendach, der Blick hinüber zum Kleinen Drachenseelein ist bezaubernd.

Ein Reiseführer aus dem 19. Jahrhundert berichtet davon, dass sich hier dereinst ein Göttinnen-Kultort befunden habe. Belege gibt es dafür leider nicht. Auch die Sage, dass unweit des Eibsees ein Drachen in einer Höhle neben einem kleinen See hausen würde, ist nur noch mündlich tradiert.

Aber ist an einem solch verwunschenen Ort wie dem kleinen Drachenseelein nicht vieles vorstellbar?

Adresse 82491 Grainau | **Anfahrt** von Garmisch-Partenkirchen auf der B 23 Richtung Ehrwald, an der Abzweigung Grainau zum Eibsee, dem Eibseerundweg um das Eibseehotel herum in nördlicher Richtung folgen, das kleine Drachenseelein ist nach 1.300 Metern rechts unterhalb des Weges (Holztafel) | **Tipp** Das ganze Jahr über ist der Rundweg um den Eibsee herum eine der schönsten Wanderungen in ganz Bayern. Der Weg ist kinderwagengeeignet, im Sommer Badesachen nicht vergessen!

54 Die Knappenhäuser

Langsam verfallende Zeugen des historischen Bergbaus

Direkt zu Beginn des Industriezeitalters gründete sich 1827 die Bergbaugesellschaft »Bleibergwerk Höllental« und errichtete Bergarbeiterunterkünfte zwischen Höllentalanger und Hupfleitenjoch. Doch nach der Stilllegung des Bergwerks um 1860 verfielen diese ersten Knappenhäuser. Der Wiederaufbau fiel mitten in den Ersten Weltkrieg, eigentlich ungewöhnlich, aber das Bergwerk im Höllental war aufgrund der dort geförderten, stahlhärtenden Molybdänverbindungen für die Rüstungsindustrie kriegswichtig.

Im Juli 1915 öffneten die neuen Knappenhäuser mit 50 Schlafstellen und einer Kantine, erstaunlicherweise wurde aber die Übernachtungsmöglichkeit vor Ort nicht nachgefragt. Lieber nahmen die Bergleute den täglichen Anstieg von Hammersbach aus auf sich. Doch das Molybdänvorkommen hielt nicht, was es versprochen hatte. Eigentlich waren die Stollen schon 1918 erschöpft, doch erst nach vielem Hin und Her hieß es im Dezember 1932: »Im Höllental ruht jede Tätigkeit.« – Jede bergbauerische Tätigkeit, um genau zu sein. Denn als zusätzliches Standbein hatte die Bergbaugesellschaft bereits 1922 für die Knappenhäuser eine Konzession als Gastbetrieb erwirkt. Bei der Schließung des Bergwerks waren die Knappenhäuser schon sechs Jahre lang als Berghütte bewirtschaftet worden.

Wie viele andere Berghütten wurden die Knappenhäuser in den letzten Tages des Zweiten Weltkriegs verwüstet. In den 1950er Jahren renovierte sie der damals weithin bekannte Bergführer Luggi Kleisl aber so schmuck, dass sie zu einer der beliebtesten Bergwirtschaften in Werdenfels avancierten. Doch auch der Stern der Knappenhäuser sank schließlich, nach mehreren Pächterwechseln schlossen sie 1995 ihre Türen.

Seitdem stehen die Gebäude leer, jedes Jahr wirken sie zunehmend verfallen. Nur noch selten machen Wanderer hier Rast und erinnern sich bei ihrer selbst mitgebrachten Brotzeit an die alten Zeiten.

Adresse Knappenhäuser 1, 82491 Grainau | **Anfahrt** in Garmisch-Partenkirchen auf die B 23 Richtung Ehrwald, kurz vor dem Ortsende links in die Kreuzeckstraße zum Parkplatz an der Kreuzeckbahn; von der Bergstation aus der Forststraße Richtung Hochalm folgen, nach 500 Metern rechts auf den Steig zum Hupfleitenjoch/Höllental; die Knappenhäuser befinden sich 200 Höhenmeter unterhalb des Hupfleitenjochs, der Weg ist teilweise ausgesetzt | **Öffnungszeiten** außen immer, zugänglich nur im Sommer | **Tipp** Ein Rundweg führt von Hammersbach durch die Höllentalklamm (siehe Ort 52) und an der Höllentalangerhütte vorbei zu den Knappenhäusern. Weiter über das Hupfleitenjoch (1.705 Meter) zum Kreuzeck. Hier gibt es eine Einkehrmöglichkeit im Kreuzeckhaus (www.kreuzeckhaus-gapa.de), bevor man mit Kreuzeck- und Zugspitzbahn zurück nach Hammersbach fährt.

55_Die Nixe im Badersee

Ein Wasserwesen von königlichem Geblüt?

Vor etwa 3.700 Jahren lösten sich im Bayerischen Schneekar Teile des Zugspitzmassivs und stürzten in das Loisachtal, wo sich in der Folge Grundwasser zum noch heute existierenden Badersee aufstaute. Der Ablauf des Sees ist unterirdisch, durch die ständige Durchströmung herrscht das ganze Jahr eine Wassertemperatur zwischen 7,9 und 8,9 Grad Celsius. So einladend das smaragdgrüne Wasser wirkt, für ein Bad ist es zu kalt und deswegen denjenigen vorbehalten, deren ureigenstes Element eiskaltes Wasser ist: Bergforellen und Nixen. Beide Spezies finden wir im Badersee.

Ans Ufer kommt die Dame nie, ihr bevorzugter Aufenthaltsort ist westlich der kleinen Felseninsel in fünf Metern Tiefe am Seegrund. Die einzige Möglichkeit, eine Audienz zu erlangen, ist eine Fahrt im Ruderboot. Legendenhaft wie das Wasserwesen selbst sind die Erzählungen, wie sie in den See gelangt ist: König Ludwig II. habe die Figur mit den Zügen von Lola Montez, der skandalumwitterten Geliebten seines Großvaters Ludwig I., nach Grainau bringen lassen.

In Grainau gibt es eine andere Version der Geschehnisse: 1835 erwarb der bayerische Staatsminister und griechische Ministerpräsident (unter Otto I.) Ignatz von Rudhart den See von dessen Namensgeber Anton Baderer. Bereits 1838 verstarb von Rudhart, seine Witwe verblieb am Badersee und ließ um das Jahr 1850 die Nixenfigur versenken. 1871 verkaufte sie das Anwesen an den Grainauer Pfarrer Glonner, der dort fortan eine kleine Wirtschaft betrieb. In diese Zeit fiel wohl auch der Besuch König Ludwigs, der mit Sicherheit entzückt war von dem kristallklaren Wasser und der geheimnisvollen Nixe am Seegrund. Weniger entzückt waren die Vorgesetzten des Pfarrers über dessen Nebenerwerb, Glonner musste sein Lokal verkaufen. Der Geistliche zog daraufhin in die Schweiz, eröffnete eine neue Gastwirtschaft – und ehelichte seine Haushälterin.

Adresse Am Badersee, 82491 Grainau | **Anfahrt** von Garmisch-Partenkirchen auf der B 23 Richtung Ehrwald, an der Abzweigung Grainau links und der Eibseestraße für 2,5 Kilometer folgen, links führt ein Sträßchen direkt zum Parkplatz vor dem Hotel Badersee (ausgeschildert) | **Tipp** Im Hotel Badersee können Ruderboote ausgeliehen werden (fünf Euro für eine halbe, acht Euro für eine ganze Stunde).

56 Der Sagenhafte Bergwald

Grainauer Sagen und Waldspiele nicht nur für Kinder

Bestimmt ist sie gerade noch hier gewesen, die Ahornfee! Weshalb sonst würde auf dem Baumstumpf mit ihrem Türschild ein rosa Feenschuh stehen? Und da, hinter dem großen Baum, da ist eben etwas vorbeigehuscht. Wir gehen weiter, wahrscheinlich wird uns die Fee begleiten, wir haben ja ihren Schuh gefunden.

Je weiter der Weg in den Sagenhaften Bergwald hineinführt, umso größer werden die begeisterten Kinderaugen. Die Gemeinde Grainau hat bei der Einrichtung des liebevoll gestalteten Erlebnispfades ein glückliches Händchen bewiesen. Schon der Wegbeginn verspricht mit der seitlich neben der Einstiegstreppe angebrachten Beschilderung »Zwergeneingang« Großes. Auf einer Strecke von knapp drei Kilometern begleitet Waldbär Waxl Kinder und deren erwachsene Begleiter durch den dichten Bergwald unterhalb der Waxensteine. Die angesetzte Gehzeit von etwa 2,5 Stunden wird locker überboten, viel zu interessant sind all die verschiedenen Stationen im zwielichtigen Waldesgrün. Ein bisschen ist der Weg zum Gruseln – Hu! Bloß nicht auf eine der hier wachsenden Irrwurzeln treten und dann drei Stunden im Kreis laufen, wie es die Sage erzählt –, ein bisschen zum Träumen und vor allem zum Ganz-viel-Spielen. Besonders beliebt ist der »Wildererschluf«, ein Geschicklichkeits-Hüpfspiel, bei dem keine für den Jäger erkennbaren Abdrücke auf dem Waldboden zurückbleiben dürfen. Auch wenn das Wetter einmal nicht so recht mitspielt, bietet sich der Rundwanderweg als Ausflugsziel an. Ein trockener Brotzeitplatz findet sich auf jeden Fall im gemütlichen Holzerkobel, der den früheren Unterständen der Waldarbeiter nachempfunden ist.

Die Wanderung durch den Sagenhaften Bergwald kann schon mit Kindern ab etwa drei Jahren oder in der Kraxe unternommen werden, in der Tourismusinformation Grainau liegt ein Begleitheft mit einer Sammlung aller Sagen und Spiele rund um den Wegverlauf aus.

Adresse Höllentalstraße, 82491 Grainau | **Anfahrt** von Garmisch-Partenkirchen auf der B 23 Richtung Ehrwald, an der Abzweigung »Hammersbach« links, vom Wanderparkplatz Hammersbach 350 Meter bis zum Beginn des Rundweges gegenüber der Höllentalstraße 6 | **Tipp** Wer sich nach der Rundwanderung nicht entscheiden kann, ob er lieber schwimmen gehen mag oder doch einen allzu großen Hunger hat, sollte das Grainauer Zugspitzbad besuchen (Parkweg 8). Hier gibt es auch einen großzügigen Grillplatz mit Elektrogrill. Das Grillgut muss selbst mitgebracht werden.

57 Am Eichsee

Der wärmste Badesee im Landkreis

Nördlich von Großweil liegt der Eichsee inmitten des Loisach-Kochelsee-Moores. Wie das Moor ist er während der Würmeiszeit vor 15.000 Jahren entstanden. Damit ist er der nördlichste und als echter Moorsee zudem der wärmste Badesee des Landkreises. Der nur 0,054 Quadratkilometer, also knapp acht Fußballfelder, kleine See wird ausschließlich durch Grundwasser aus dem Moor gespeist. Dadurch ist das Wasser hier leicht getrübt, aber auch besonders weich und hat bereits im Frühsommer angenehme Badetemperaturen.

Die Loisach-Kochelsee-Moore bilden eine ausgedehnte Moorlandschaft, die unter Naturschutz steht und als Fauna-Flora-Habitat ausgewiesen ist. Liegt der Eichsee auch eher am Rande des Moores, kann er weitab von Autostraßen doch nur zu Fuß oder mit dem Rad erreicht werden. Der Weg führt durch artenreiche Moorwiesen, die ein ausgewiesenes Brutgebiet für seltene Vogelarten wie Kiebitz oder Wachtel darstellen und in Teilbereichen zur Brutzeit zwischen 20. März und 15. Juli nicht betreten werden dürfen. Auch die Wiesen selbst sind eine Besonderheit, rund um den Eichsee wachsen etwa das seltene Sumpf-Herzblatt und die an den feuchten Standort bestens angepasste Wiesensilge.

Der Eichsee ist von einem breiten Schilfgürtel umgeben, der ihn neben der idyllischen Fischerhütte (privat) am Ostufer eigentlich komplett versteckt. Nur ein kleines Fleckchen am Westufer ist zugänglich, hier lädt eine Liegewiese zum Sonnenbaden ein. Ausgestattet ist das Seeparadies mit Dixi-Klo und hölzernem Umkleidehäuschen, einige kleine Laubbäume sorgen für angenehme Schattenflecken.

Von der Liegewiese gelangt man über einen kleinen Kiesstrand ins Wasser, der flache Uferbereich ist auch für Kinder gut zum Baden geeignet. Erst nach ein paar Metern fällt der Untergrund ab bis zu einer maximalen Tiefe von vier Metern. Hunde dürfen im Eichsee nicht baden.

Adresse nördlich von 82439 Großweil im Loisachmoor | **Anfahrt** A 95 Ausfahrt Murnau / Kochel, rechts nach Großweil, auf der Kleinweiler Straße zur Loisachbrücke (Parkplatz); von hier ist der Eichsee ausgeschildert | **Tipp** In Großweil beginnen mehrere gut beschilderte Rundwege durch das Loisach-Kochelsee-Moor, die für Radfahrer, Fußgänger und besonders für radelnde Kinder gut geeignet sind.

58 Die Modellbahn Großweil

Das H0-Spieleparadies für Klein und Groß

Einmal selbst eine Eisenbahn lenken! Diesen Kinder- und Kindheitswunsch erfüllt der Berufsmusiker Christoph von Reitzenstein. Auf 36 Quadratmetern hat er in fast zehnjähriger Arbeit 180 Meter Gleise der Spurweite H0 verlegt, allein die Verkabelung der Anlage benötigte ein Dreivierteljahr. Rund um die Gleisstränge erstreckt sich eine abwechslungsreiche Modellbaulandschaft, bei der auch die Ehefrau künstlerisch mit Hand anlegen durfte, wie der passionierte Modellbahner augenzwinkernd verrät.

Es gibt vieles zu entdecken: ICE, Intercity und Güterzüge fahren über Brücken, ein Viadukt und durch den langen Eisenbahntunnel, passieren eine alte Burg, Schrebergärten, eine idyllische Almlandschaft und eine hinter klappbaren Bahnschranken gelegene Altstadt. Die Bahnhofsszene ist liebevoll mit vielen Personen ausgestattet, so erzählt die Anlage auch den Gästen, die nur zum Gucken gekommen sind, ihre Geschichten. Lieblingsobjekt vieler kleiner Besucher ist der Löscheinsatz mit selbst gesteuertem Feuerwehrauto und brennendem Haus; auch Linienbusse gehören zum Umfang der großen Anlage, deren Kernstück zweifellos ein neungleisiger Kopfbahnhof ist. Durch vier zusätzliche Bahnhöfe, 60 Weichen und eine Drehscheibe sind die Spielmöglichkeiten fast unbegrenzt. Zu Zusammenstößen kann es auch bei einem größeren Besucherandrang – bis zu sechs Personen können die Anlage gleichzeitig befahren – kaum kommen, dafür sorgen automatische Blockstellen.

Dafür, dass die Besucher nicht zusammenstoßen, sorgt der Herr über die Gleise höchstpersönlich. Jedem Selbstfahrer ist eine große Uhr oberhalb der Anlage zugeteilt, nach der die Fahrzeit geregelt wird.

Als besonderen Service bietet die Modellbahn Großweil die Ausrichtung von Kindergeburtstagen und spezielle Modelleisenbahn-Beratungen in der Vorweihnachtszeit an, etwa dazu, wie man auf kleinem Raum eine Modelleisenbahn unterbringt.

Adresse Kocheler Straße 12, 82439 Großweil, Tel. 08851/817, www.grossweiler-modellbahn.de | **Anfahrt** A 95 Ausfahrt Murnau/Kochel, rechts nach Großweil, circa 700 Meter nach dem Ortseingang an einer Rechtskurve der Hauptstraße | **Öffnungszeiten** Fr–So 14–18 Uhr und nach Vereinbarung | **Tipp** Der von der Hauptstraße aus rechts an der Ortseinfahrt sichtbare Torbogen mit Satteldach an der Alte Murnauer Straße ist ein Relikt des ehemaligen Braunkohlebergwerks. Er wurde 1917/18 zum Schutz der Straße unterhalb einer Materialseilbahn errichtet.

59 Die Museums-Almen

Mordau und Wildererversteck

Kaum dass sich die Augen an das Halbdunkel im Inneren des Brunnerkasers gewöhnt haben, beginnt vor dem Hintergrund leiser Stallgeräusche eine sanfte Frauenstimme zu sprechen. Sie erzählt die Geschichte einer untreuen Sennerin, die hier vor vielen hundert Jahren lebte. Sie schickte ihren Hirten zum Edelweißpflücken, um sich währenddessen mit einem Jäger zu vergnügen. Der Hirte stürzte ab, und als ob das Paar für seinen tödlichen Verrat zahlen müsse, wurde es von marodierenden Soldaten in flagranti ermordet. Allabendlich sollen seitdem im Zwielicht ihre rastlosen Schatten über die nun »Mordau« genannte Alm schweben …

Die Hörstation am translozierten Originalschauplatz macht die alte Sage so lebendig, dass man fast das Wispern der rastlosen Seelen zu vernehmen meint. Gleichzeitig fühlt man sich in eine ganz andere Zeit versetzt. In eine Zeit, in der auch die Wilderei auf bayerischen Almen gang und gäbe war. Nicht nur Kinder finden es ein wenig gruselig in der alten Almhütte.

Von der engen Beziehung zwischen Wilderern und Sennerinnen erzählt der 200 Jahre alte Weberbauernkaser, 2002 von seinem ursprünglichen Standort am Geigelstein auf die Glentleiten verbracht. Beim Abbau der Almhütte fand sich in der Außenwand verbohrte Wilderermunition, die mit Kalkbrocken und Zeitungspapier aus dem Jahr 1905 verstopft war. Nicht nur die originale Einrichtung der Alm, sondern auch spannende Details wie ein echter auseinanderschraubbarer Wildererstutzen, eine Leihgabe des Landeskriminalamts München, machen die museale Darstellung so hinreißend spannend.

Das Almgelände mit sechs Almhütten aus fünf Jahrhunderten ist nur ein kleiner Teil des Freilichtmuseums auf der Glentleiten, das einen umfassenden Überblick über die bäuerliche Kultur Oberbayerns gibt. Für eine Entdeckungsreise zu allen 60 original erhaltenen und ausgestatteten Gebäuden ist ein einziger Besuchstag viel zu kurz.

Adresse Freilichtmuseum Glentleiten, An der Glentleiten 4, 82439 Großweil, Tel. 08851/1850, www.glentleiten.de | **Anfahrt** A 95 Ausfahrt Murnau / Kochel, rechts nach Großweil, 600 Meter nach dem Ortseingang rechts in die Kreuthstraße und dem Straßenverlauf zum Museumsparkplatz folgen | **Öffnungszeiten** Josefi (19. März) – Martini (11. Nov.) Di – So 9 – 18 Uhr, Juni – Sept. täglich 9 – 18 Uhr | **Tipp** Unbedingt im museumseigenen Kramerladen eine Ausgezogene kaufen und damit und einer mitgebrachten Thermoskanne voll Kaffee auf einem der vielen schönen Sitzplätze auf dem Museumsgelände Brotzeit machen!

60_Das Münzopferkreuz

Opfergaben aus alter und aus neuerer Zeit

Wer zufällig mit dem Auto am Münzopferkreuz von Stern vorbeifährt, wird es wahrscheinlich gar nicht bemerken. Obwohl es malerisch zwischen zwei Ebereschen steht, fällt das keltisch anmutende Kreuz mit seiner bescheidenen Höhe von 1,20 Metern kaum auf. Ohnehin ist es eher selten, dass jemand von Zell hinauf zum kleinen Weiler Stern fährt.

Die Gunst der Abgelegenheit dieser Straße hat vielleicht auch einst ein Mörder genutzt, um seinem Opfer hier unbemerkt aufzulauern und es zu überfallen. Wann sich dieser mörderische Zwischenfall ereignet hat, wer Täter und wer Opfer war, das wissen wir nicht – sicher ist nur, dass der Täter überführt und rechtmäßig verurteilt wurde.

Seit dem 13. Jahrhundert sind in Bayern Sühnekreuze bezeugt. Zu ihrer Aufstellung am Tatort wurde der Täter nach einem Mord oder Totschlag durch einen Sühnevertrag verpflichtet. Meist kamen Entschädigungsforderungen seitens der Angehörigen hinzu, Messen für das Opfer und die Auflage einer Wallfahrt. Wie viele Sühnekreuze es einst im Werdenfelser Land gegeben hat, ist nicht mehr nachvollziehbar, da viele entsprechend der Durchführungsverfügungen der Säkularisation 1803 genauso wie Marterl und Bildstöcke aus den Fluren entfernt wurden.

Entsprechend der typischen Ausführung von Sühnekreuzen weist auch das von Stern keinerlei Angaben zu Beteiligten oder Tathergang auf. Durch ein besonderes Merkmal aber unterscheidet es sich von ähnlichen Kreuzen: In vielen Hohlräumen des Tuffsteins stecken Münzen – Opfergaben aus alter wie aus neuer Zeit. Auch hier gibt es keine Antworten auf die Fragen, wer die Opfergaben hinterlassen hat und was seine Motivation dafür war.

Manchmal sollen Opfergaben auch den unruhigen Geist eines Verstorbenen bändigen – galt der Ort am sanften Hügel von Stern vielleicht einst als Spukplatz, an dem ein Toter keine Ruhe fand?

Adresse Sterner Straße, 82439 Großweil-Stern | Anfahrt A 95 Ausfahrt Murnau / Kochel, rechts nach Großweil, auf der Kleinweiler Straße zur Loisachbrücke, dann der Straße (St 2370) weiter bis zum Weiler Zell folgen, links in die Sterner Straße, hinter der Autobahnbrücke gleich wieder links; das Münzopferkreuz steht nach 600 Metern auf der linken Seite | Tipp Die Kirche St. Martin in Zell war bis zu ihrer ersten bekannten Renovierung im Jahre 1609 eigentlich der heiligen Margareth geweiht. Das Altarbild aus dem 18. Jahrhundert zeigt den neuen Kirchenpatron.

61_Die Hochkopfhütte

Wo sich Wagner schier eine Lungenentzündung holte

Nie, nie wieder wollte Richard Wagner einer Einladung seines Königs in die bayerischen Berge folgen. Und das kam so: Ludwig II. hatte ihn im Sommer 1865 auf die Hochkopfhütte eingeladen, um den Meister bei der Arbeit am Bühnenweihspiel Parsifal zu unterstützen. Wagner nahm die Einladung an, begleitet von Diener Franz und seinem Hund weilte er vom 9. bis 21. August am Altlacher Hochkopf. Doch der Aufenthalt war eine Katastrophe, angefangen beim »mühseligen Aufstieg«. Zu allem Überfluss zog sich der Komponist bei schlechtestem Wetter auch noch eine schwere Erkältung zu. Kurzum, Wagner wollte von Ludwigs Berghütten nichts mehr wissen.

So »werth und theuer und zwar werther als alle Schlösser« Ludwig die von Maximilian II. errichtete Jagdhütte war, so schlicht ist der eingeschossige Bau sowohl von innen wie von außen. Die Böden waren mit grauem Wollteppich belegt, in Ludwigs Schlafzimmer befanden sich nur ein einfaches hölzernes Bettgestell, ein runder Tisch mit Petroleumlampe und ein schwarzer Kachelofen. Der Kachelofen ist noch heute erhalten. Nachdem die Alpenvereinssektion Vierseenland die Hochkopfhütte 2002 von den Bayerischen Staatsforsten übernommen hatte, investierte sie viel Geld und freiwillige Arbeitsstunden, um die Hütte nach den Vorgaben des Denkmalschutzes zur Nutzung als Selbstversorgerhütte zu renovieren. Das königliche Schlafzimmer ist nun ein Matratzenlager mit 15 Betten – und einem Ofen mit viel Geschichte.

Wer auf den Spuren Ludwigs wandeln möchte, kann sich auf die Suche nach dem zugewachsenen Panoramaweg rund um den Hochkopfgipfel machen, der zu Zeiten seiner Majestät mit Ruhebänken und Parapluies ausgestattet war. Schließlich wollte der König nicht nur den Ausblick von der Hüttenterrasse auf sein Königshaus am Schachen genießen, sondern den gesamten Rundblick auf den türkisgrünen Walchensee im Norden und schroffe Karwendelspitzen im Süden.

Adresse am Altlacher Hochkopf, 83676 Jachenau | **Anfahrt** A 95 Ausfahrt Murnau/ Kochel, über die Kesselbergstraße zum Walchensee, bei Einsiedl in die Mautstraße nach Jachenau, Parkplatz an einer Brücke nahe der Siedlung Altlach; von dort aus auf Forststraßen und Wanderwegen immer gut beschildert zur Hochkopfhütte (auch zum Radeln geeignet) | **Öffnungszeiten** von außen immer, die Hütte kann buchen, wer mindestens ein Jahr der Alpenvereins-Sektion Vierseenland angehört (Tel. 08152/70598, www.dav-vierseenland.de) | **Tipp** Entlang der Mautstraße von Einsiedel nach Altlach befinden sich mehrere idyllische Badebuchten, die nach einer Wanderung zur Hochkopfhütte zu einem Erfrischungsbad im nie überwarmen Walchensee einladen.

62 Die Fischtreppe Krün

Freie Bahn für Forelle, Äsche und Co.

Als vor knapp 100 Jahren das Walchenseekraftwerk seinen Betrieb aufnahm, war es ein Vorreiter in Sachen regenerative Energien. Doch auch umweltverträgliche Energiegewinnung greift in die Natur ein, wie sich am 14 Kilometer vom eigentlichen Kraftwerk entfernten Stauwehr südlich von Krün deutlich zeigte.

Die baulichen Maßnahmen der 1920er Jahre führten zu einem erheblichen Eingriff in die Landschaft des Oberen Isartals. Dabei ist dieses Gebiet laut einer WWF-Studie als eine der letzten naturnahen Wildflusslandschaften Deutschlands ökologisch besonders wertvoll. Problematisch gestaltet sich vor allem der durch das Kraftwerk verursachte Wassermangel, denn am Stauwehr Krün wird der größte Teil des Isarwassers durch einen offenen, betonierten Isarüberleitungskanal über Krün nach Wallgau geleitet. Von dort fließt es in einem unterirdischen Kanal zur Einmündung am Walchensee bei Einsiedel.

Obwohl Kraftwerksbetreiber E.ON bereits seit 1990 der Isar eine der Jahreszeit angepasste Mindestmenge an Wasser zufließen lassen muss, waren damit die Probleme nicht behoben. Das Wehr stellte nach wie vor eine Todesfalle für die Fische dar, die beim aussichtlosen Versuch, die Barriere auf dem Weg zu ihren Laichgründen oberhalb zu erreichen, jährlich zu Hunderten davor verendeten. Mehr als 20 Jahre kämpften Naturschützer und Fischereiverein für den Bau einer Fischaufstiegshilfe – ein teures Unterfangen, denn jede dieser Aufstiegshilfen ist ein auf die örtlichen Gegebenheiten ausgerichtetes Unikat. Im November 2012 konnte die Anlage schließlich eröffnet werden.

Die Fischtreppe von Krün ist mit 65 Kammern als Treppenstufen, vier Ruhebecken und einer Gesamtlänge von 190 Metern nicht nur eine der größten Anlagen dieser Art in Bayern, sie hat auch eine Besonderheit: Durch ein Schauglas können Besucher einen Blick auf hoffentlich regen Fischverkehr isarauf und isarab werfen.

Adresse Obernachkanal, 82494 Krün | **Anfahrt** von Garmisch-Partenkirchen auf B 2 Richtung Mittenwald, bis zur Abzweigung nach Krün, rechts in die Straße »Am Stausee«, nach circa 100 Metern Fußweg über den Obernachkanal und nach 230 Metern zur Fischtreppe | **Tipp** Direkt am Stauwehr Krün befinden sich Informationstafeln zum Walchenseekraftwerk.

63 Die Kapelle Maria Rast

Ein Kleinod auf den Buckelwiesen

Maria Rast auf den Buckelwiesen ist zwar die jüngste Kapelle im Werdenfelser Land, aber unbestritten eine der fotogensten. Im Gegensatz zu anderen modernen Sakralbauten fügt sie sich in typisch alpenländischem Stil und mit Zwiebelhaube auf dem Türmchen harmonisch in das Landschaftsbild vor der herrlichen Kulisse von Wetterstein und Karwendel ein.

Die Kapelle dürfte auch deshalb einzigartig sein, weil ihr Bau ausschließlich durch Spenden und freiwillige Arbeitsleistungen ermöglicht wurde – nicht »erzwungen« von Obrigkeiten oder aufgrund eines aus der Not geborenen Gelübdes. Den Grundstock der Finanzierung bildeten Spendeneinnahmen vom Krüner Christkindlmarkt 1996, im Oktober 1997 wurde Richtfest gefeiert. Schon ein Jahr später, am 11. Oktober 1998, konnte die Kapelle von Pfarrer Thomas Reiser eingeweiht werden.

Entsprechend der Bedeutung des Standorts am Rande des Bayerischen Jakobswegs und der Bedeutung von Krün als Pilgerstation ist auf dem Altar eine rastende Maria in Begleitung von Josef und dem Esel dargestellt. Entgegen der üblichen Bedeutung von »Maria Rast« wird hier nicht die Rast auf der Flucht nach Ägypten gezeigt, sondern eine Verschnaufpause während der Herbergssuche. Maria hat dementsprechend einen stattlichen Babybauch. Beschützt wird die Szene von Putti verschiedener Hautfarbe, was die Gleichheit aller Menschen verdeutlicht.

Fünf Jahre nach der Einweihung kamen zufällig zwei Osttiroler an der Kapelle vorbei und waren von dem Bauwerk so ergriffen, dass sie anboten, unentgeltlich einen Kreuzweg zu errichten – gesagt, getan! An der ersten feierlichen Begehung am 29. August 2013 nahm auch der gerade in Krün weilende Würzburger Bischof Dr. Hofmann teil. Der Kreuzweg beginnt an der Krüner Reiterspitzstraße und führt entlang des Wanderwegs durch den Tunnel in den Straßwald und weiter hinauf zu Maria Rast.

Adresse Hochstraße 18, 82494 Krün | **Anfahrt** von Garmisch-Partenkirchen auf B 2 Richtung Mittenwald, bis zur Abzweigung nach Krün, nach dem Ortsschild rechts in den Buckelwiesenweg; von hier auf Wanderweg (Fahrverbot!) durch eine Unterführung und dann links hinauf zur Kapelle | **Öffnungszeiten** immer tagsüber | **Tipp** Maria Rast ist einer der besten Standorte, um die Buckelwiesen zu fotografieren.

64 Das Kieselsteinmuseum

Ein Gang durch die Erdgeschichte

Das Kieselsteinmuseum ist ein Juwel, und das ohne jeden Edelstein darin. Dabei gibt es hier durchaus einiges an Schätzen zu entdecken! Zentrales Ausstellungsstück ist ein auffallend geformter Stein, der sich als ein vor Jahrmillionen versinterter Baum entpuppt. Ein Pflanzenfossil. Wie alle anderen Schaustücke im Kieselsteinmuseum ist der Steinbaum eines der Fundstücke aus der Region, die das Ehepaar Josef und Vera Karner über viele Jahre hinweg zusammengetragen hat.

Fast noch spannender als der Steinbaum sind für die Besucher aber die viel kleineren, auf den ersten Blick zunächst unspektakulär wirkenden Steinchen. Etagenweise erzählen Mineralien und Natursteine bei einer Führung durch Museumsleiter Josef Karner von der Geologie des Werdenfelser Landes und der Entstehung unserer Alpen.

Vor allem die Steinvielfalt aus dem Flussbett der Isar in ihrer breiten Farbpalette von klassischem Isarkieselgrau über weiße, gelbe, grüne und rote Farbtöne bietet einen beeindruckenden Blick in die Erdgeschichte. Die Farbenpracht stammt von den verschiedensten Gesteinsarten wie alpinem Muschel- oder Wettersteinkalk, Hauptdolomit oder auch Mittenwalder Marmor und Ölschiefer.

Bei aller Information kommt das sinnliche Erfassen der steinernen Naturgeschichte nicht zu kurz. Zwischen den Lehrexponaten zeigen sich in einer Vitrine alle Arten von ganz furchtbar normalen Isarkieseln als kleine Kunstwerke. Weiße Weißwurst-Kiesel liegen zusammen mit einem gelben Semmelkiesel auf dem steinernen Brotzeitbrett zum Verzehr, die Grenzen zwischen Vergangenheit, Dasein und Nutzen verschwimmen.

Wer seine unter der kundigen Leitung von Josef Karner, der übrigens auch Bergführer ist, entdeckten und wie ein Schatzsucher mit heißem Begehr gesammelten Kieselschätze gleich im Museum schleift und poliert, ist auf jeden Fall eines: steinreich.

Adresse Naturmuseum Haus der Steine, Finzbachstraße 1, 82494 Krün, Tel. 08825/562, www.geo-trip.de | **Anfahrt** von Garmisch-Partenkirchen auf die B 2, bis zur Abzweigung nach Krün, die Straße »Am Bärnbichl« entlangfahren, nach 200 Metern rechts in die Finzbachstraße | **Öffnungszeiten** Mo–Fr 14–18 Uhr, Sa 9–12 Uhr | **Tipp** An der Isarbrücke beim Sägewerk Krün beginnt der Isarkiesellehrpfad, der auf einer Länge von circa einem Kilometer über die geologische Geschichte der Region informiert und für Kinder herrlichste Spielmöglichkeiten bietet.

65_Das Kloster Scharnitz

Wo wirklich Geschichte geschrieben wurde

Als im Jahre 763 am Festtag von Peter und Paul (29. Juni) mitten im Scharnitzer Forst vom Freisinger Bischof Joseph ein kleines Kloster eingeweiht wird, ist neben den adeligen Stiftern Reginperht und Irminfried auch der 40-jährige Erzpriester Arbeo aus Meran anwesend. Ihn ernennt der Bischof zum Abt des kleinen Konvents.

Das Kloster war klein, aber dank der Großzügigkeit seiner Stifter außerordentlich reich ausgestattet und »verkehrsgünstig« an der großen Handelsstraße nach Venedig und Rom gelegen. Pilger wie Kaufleute konnten zur Reisezeit im Sommer im Kloster einkehren. Im Winter war es hier ruhig, sodass der Abt genügend Muße hatte, die Klosterannalen zu verfassen und unter anderem die Lebensgeschichten der Heiligen Korbinian und Emmeram aufzuschreiben. Arbeo gilt als der erste deutsche Schriftsteller. Es wird vermutet, dass er den »Codex Abrogans« verfasste, das wohl älteste Buch in deutscher Sprache.

Bald wurde Arbeo zum Freisinger Bischof ernannt, sein Nachfolger im Waldkloster wurde ein gewisser Alto. Diesem fiel die Aufgabe zu, das Kloster 772, nur neun Jahre nach seiner Gründung, nach Schlehdorf zu verlegen.

Waren die klimatischen Verhältnisse am ursprünglichen Standort zu rau, oder standen wirtschaftliche Gründe hinter der Verlegung? Nur die Peterskirche blieb als Pfarrkirche für den gesamten Scharnitzforst bestehen, bis sie im 11. Jahrhundert abbrannte und die Kirche der neuen Siedlung »in media silva«, Mittenwald, ihre Aufgabe übernahm. Damit endete auch die glorreiche Zeit, in der die heutige Klaiser Ortsflur zur Gemarkung Scharnitz gehörte.

Lange war der exakte Standort des Klosters Scharnitz umstritten, Klarheit brachte erst eine archäologische Grabung im Jahre 1972. Wo sich die Klosterkirche befand, ragt heute ein schlichtes Holzkreuz in den Himmel, der Gedenkstein mit einer eingelassenen Bronzeplatte erinnert an die ehemaligen Konventsgebäude.

Adresse Im Kirchfeld, 82493 Krün-Klais | **Anfahrt** von Garmisch-Partenkirchen auf die B 2, bis zur Abzweigung Klais, rechts über den Bahnübergang, links in die Bahnhofstraße und gleich wieder rechts | **Tipp** Direkt über der Orgel in der Mittenwalder Pfarrkirche befindet sich in Erinnerung an den Vorgängerbau zu Klais ein Deckenfresko mit der Darstellung der Gründung des Klosters Scharnitz (Matthias-Klotz-Straße 4).

66_Die Römerstraße bei Klais

Wagenspuren in die Vergangenheit

Südlich von Klais, inmitten dichten Mischwalds, sind die eindrucksvollsten Überreste des einst mächtigen römischen Verkehrsnetzes in ganz Oberbayern zu bestaunen. Auf einer Länge von gut 200 Metern führt eine akkurat gebaute Straße mit exakt 107 Zentimeter Breite den kleinen Hügel »Am Quicken« hinauf. Überholmöglichkeiten gab es auf diesem Straßenabschnitt keine, die Fuhrknechte mussten vor dem Gespann auf den Hügel laufen, um ein Zusammentreffen an dieser unpassierbaren Stelle zu vermeiden.

Der hier sichtbare Straßenabschnitt ist Teil der Via Raetia, die als Abzweig der Hauptalpenroute Via Claudia über Partenkirchen nach Augsburg führte. Erbaut wurde die Straße im 2. Jahrhundert unter Kaiser Septimius Severus, der damit die Provinz Raetia enger an den römischen Staat binden und militärische Operationen sowie die wirtschaftliche Versorgung der Provinz erleichtern wollte. Die Streckenführung der alten Via Raetia weicht in großen Abschnitten vom heutigen Straßenverlauf ab. Während die B 2 Klais in nördlichem Bogen umfährt und weiter westlich vom Schmalsee in topografisch tieferer Lage nach Mittenwald führt, verlief die alte Römerstraße von Klais aus nach Süden und quer über die Buckelwiesen, wo sie etwa auf Höhe der heutigen Kläranlage auf die Isar traf.

Anders als üblich ist die Klaiser Römerstraße nicht aus Pflastersteinen zusammengefügt, sondern in die anstehenden Kalksteinplatten eingeschlagen und damit so stabil, dass sie mehrere Jahrhunderte ohne größere Reparaturen benutzt werden konnte – und heute noch existiert. Von den tiefen Spurrinnen, zunächst als leichte Führungen angelegt und im Laufe der Jahrhunderte durch die Befahrung mit unzähligen Fuhrwerken bis zu 15 Zentimeter tief eingegraben, stammt vermutlich der Ortsname Klais ab. Das spätmittelhochdeutsche Wort »geleise« bedeutet so viel wie Radspur oder getretener Pfad.

Adresse Elmauer Weg, 82493 Krün-Klais | **Anfahrt** von Garmisch-Partenkirchen auf die B 2, bis zur Abzweigung Klais, rechts über den Bahnübergang, dann über Bahnhofstraße in den Elmauer Weg; nach circa 300 Metern führt ein Wanderweg in den Wald, hinter der Brücke beginnt die Römerstraße | **Tipp** An der Kreuzung Bahnhofstraße / Elmauer Weg befindet sich die kleine Klaiser Kapelle mit einer Strahlenkranzmadonna zur Wetterbestimmung: Je nach Luftfeuchtigkeit dreht sich die Figur an der Kapellendecke.

67 An den Soiernseen

Im Drachenboot bei Mondenglanz

Menschenscheu und mit einem ausgeprägten Hang zur Exzentrik, bot dem bayerischen König Ludwig II. nur die Bergeinsamkeit »Tage des Friedens und der ruhigen Sammlung«, wie er sich gegenüber Cosima von Bülow (der späteren Ehefrau Richard Wagners) ausdrückte. Als Stützpunkte für diese Tage dienten ihm verschiedene über die bayerischen Alpen verteilte Hütten und Berghäuser. Das Gebiet der Soierngruppe war Ludwig schon aus jungen Jahren bekannt, das von seinem Vater König Max II. häufig genutzte Königsträßlein zwischen Krün und dem Jagdgebiet auf der Fereinalm bei Mittenwald führt direkt daran vorbei. Nach seiner Thronbesteigung begann Ludwig umgehend mit den Planungen für eine Jagdhütte oberhalb der Soiernseen – sein erstes alpines Bauprojekt. 1868 war das Soiernhaus fertiggestellt und erwartete den ersten Besuch des jungen Königs.

Der besondere Reiz der Soiern lag für Ludwig – genauso wie für heutige Besucher – im Gegensatz zwischen den weißen, schroff aufragenden Felswänden des Karwendels und den beiden zwischen Smaragdgrün und Petrolfarben changierenden Seen. Tief in einen hochalpinen Talkessel eingebettet und ohne erkennbaren Zu- und Abfluss wirken die beiden Seen wie ein mystisches Tor zu einer anderen Welt. Vielleicht waren das auch die Gedanken des Märchenkönigs, als er den Bau eines Schiffes anordnete. 1875 lieferte Schiffsbaumeister Kellerer aus Tegernsee ein schwarzes Drachenboot mit rotem Bram- und Breitsegel zum Oberen Soiernsee, vom König »Tristan« getauft. Bei Mondlicht befuhr er damit jedes Jahr im August seinen See, häufig wurden diese Lustfahrten von einem Feuerwerk auf der knapp 500 Meter darüberliegenden Schöttelkarspitze begleitet.

Nach Ludwigs Tod hatte das Drachenboot ausgedient, Prinzregent Luitpold frönte lieber der Jagd. Für nur 50 Reichsmark erwarb der Barmseewirt Franz Sales Möbs des Königs Traumgefährt.

Adresse 82481 Mittenwald | **Anfahrt** von Garmisch-Partenkirchen auf die B 2, bis zur Abzweigung nach Krün, in die Fischbachalmstraße abbiegen, Parkplatz an der Isarbrücke; zu Fuß über die Isar, links zur Fischbachalm; von dort entweder auf der Forststraße und dann auf dem ehemaligen königlichen Reitweg oder für erfahrene Bergsteiger über den »Lakaiensteig« zu den Soiernseen | **Öffnungszeiten** Aufgrund der alpinen Lage ist ein Besuch nur im Sommer empfehlenswert (Lawinengefahr im Winter). | **Tipp** Das ehemalige Königshaus wird heute als Alpenvereinshütte bewirtschaftet und ist eine der schönsten des Karwendelgebirges. Es bietet sich unbedingt an, die Nacht wie einst König Ludwig auf den Soiern zu verbringen (www.soiernhaus.de, Tel. 0171/5465858 – bitte frühzeitig reservieren).

68_Das Berggasthaus Ederkanzel

Bayerisches-Tiroler Kuriosum

Bayerische Forstbeamte haben anscheinend ein besonderes Verhältnis zu dem Höhenzug zwischen Burgberg und Grünkopf südlich von Mittenwald. Als vor mehr als 200 Jahren während der Napoleonischen Kriege das französische Armeecorps in Werdenfels stand, verhalfen zwei Mittenwalder Förster den Franzosen zum Einmarsch nach Tirol und damit Bayern zur Erhebung zum Königreich. Anton und Cölestin Wurmer führten die Franzosen über den Grünkopf, um den Tirolern in den Rücken zu fallen. Die List gelang.

Hundert Jahre später nutzte auch der Forstmeister Hubert Eder diesen inzwischen »Franzosensteig« genannten Weg, schließlich befand sich sein bevorzugter Ansitz auf einer Kuppe oberhalb des Burgbergs. Und um die Aussicht auf Wild und Bergwelt noch besser genießen zu können, errichtete er dort ab 1899 einen stabilen Hochstand, auf bayerischer Seite direkt am Grenzstein – Tirol war im Juni 1814 wieder an Österreich gefallen. Der Aussichtspunkt entwickelte sich innerhalb kürzester Zeit zur Attraktion, sodass in den 1910er Jahren ein einheimischer Baumeister den Hochsitz durch einen 12 Meter hohen Aussichtsturm ersetzte. Ein kleiner Erfrischungsraum mit frischer Milch und Bier komplettierte das Angebot. Die offizielle Konzession als »Kaffeestation« erhielt die Ederkanzel allerdings erst 1939.

Es folgten Jahre der Bautätigkeit, bis schließlich in den 1970er Jahren das noch heute existierende Berggasthaus Ederkanzel eröffnete. Wie schon seine Vorgängerbauten steht das Gebäude auf bayerischem Boden – die Terrasse aber befindet sich in Tirol. Der Grenzstein lässt keine Zweifel aufkommen. Besonders gemütlich sitzt es sich im Terrassenpavillion – auf Tiroler Landesgebiet – über dem Leutaschtal. Dank verglaster Seitenwände lassen sich die legendären Riesenpfannkuchen mit Apfelmus auch bei Föhnwind genießen, der dort oben durchaus kräftig wehen kann.

Adresse 82481 Mittenwald, Tel. 08823/1681, www.ederkanzel.de | **Anfahrt** von Garmisch-Partenkirchen auf der B 2, bis zur Abfahrt »Mittenwald Süd«, der Innsbrucker Straße bis zur Abzweigung nach Leutasch folgen, rechts 500 Meter zum Parkplatz am Schützenheim, über einen Waldsteig zur Ederkanzel | **Öffnungszeiten** Jan.–März, Juni–Sept. kein Ruhetag; April, Mai, Okt. Mi Ruhetag; Anfang Nov.–Weihnachten nur Sa und So | **Tipp** Der historische Franzosensteig ist noch heute begehbar, er führt vom Berggasthaus Ederkanzel über den Grünkopf und dann sehr steil in die Leutasch.

69 Das Filmset von »Tiefland«

Die dunkelste Zeit der Buckelwiesen

Mit dem Ende der letzten Eiszeit sammelten sich am Alpenrand Eisreste und Tauwasser in Vertiefungen, lösten das Kalkgestein, gruben damit die Mulden noch tiefer und schufen Tausende Wiesenbuckel. Die Buckelwiesen zwischen Mittenwald und Krün sind ein überregional bedeutendes Geotop und durch ihre Artenvielfalt besonders wertvoll. Als liebliche Wiesenlandschaft oder als schneeglitzerndes Relief ziehen sie sommers wie winters Besucher an, die den friedlichen Flair der lieblichen Landschaft vor grandioser Bergkulisse genießen.

Als die deutsche Schauspielerin und Regisseurin Leni Riefenstahl Mitte der 1930er Jahre mit den Planungen des auf der gleichnamigen Oper basierenden Spielfilms »Tiefland« begann, sollte der Film an den Originalschauplätzen in den Pyrenäen gedreht werden. Nach Kriegsausbruch musste das Dreiecksdrama zwischen einem spanischen Granden, dessen Hirten und einer feurigen Tänzerin einen anderen Drehort finden. Am 1. August 1940 begannen die Außenaufnahmen auf den Buckelwiesen bei Mittenwald, wo ein stilechtes spanisches Bergdorf samt Kirche errichtet worden war.

Für authentische, südländisch wirkende Statisten bediente sich Riefenstahl ihrer braunen Verbindungen: Über 50 Sinti und Roma aus dem »Zigeunerlager Maxglan« bei Salzburg wurden zwangsrekrutiert und zu ihrer Verfügung nach Krün gebracht. Wohin die Dorfkulisse nach Drehschluss verschwand, ist nicht bekannt, der Verbleib der Männer, Frauen und Kinder aus Maxglan dagegen schon. In Anschluss an die Dreharbeiten wurden viele von ihnen nach Auschwitz deportiert, viele erlebten das Kriegsende nicht.

Wie viel Schuld am Tod dieser Menschen trägt Leni Riefenstahl? Noch in den 1980er Jahren wurde diese Frage in einem Gerichtsprozess behandelt, konnte aber weder moralisch noch juristisch zweifelsfrei beantwortet werden.

Adresse Buckelwiesen bei 82494 Krün, das Filmset befand sich zwischen Tennsee und Tonihof im Bereich der Straße nach Klais | **Anfahrt** von Garmisch-Partenkirchen auf die B 2, bis zur Abzweigung Campingplatz Tennsee, circa 300 Meter zu Fuß auf einem steilen Weg | **Tipp** Inmitten der Buckelwiesen liegt die Almwirtschaft und Käserei »Goas-Alm« unweit des ehemaligen Filmsets, in der hausgemachte Käsespezialitäten und Ziegenmilcheis serviert werden (Buckelwiesen 5, 82481 Mittenwald, www.goas-alm.de). Gäste dürfen mit dem Auto anfahren.

70_Das Freerideparadies

Wo sich einst der Dammkarwurm schlängelte

Wilde Zeiten waren das, die 1950er Jahre. Der alte Wirt der Dammkarhütte weiß zu berichten, dass an manchen Tagen 4.000 bis 5.000 Skifahrer im steilen Karwendeltal unterwegs waren. Andere erzählen von Skiabenden auf ebendieser Hütte, die mit plötzlich verlöschenden Kerzen geendet hätten – akuter Sauerstoffmangel wegen Überfüllung. Alles Skifahrerlatein? Ein bisschen vielleicht, aber nicht nur.

Tatsächlich fuhren über Jahrzehnte im Spätwinter regelmäßig Sonderzüge von München zum Mittenwalder Bahnhof, von wo aus sich bis hinauf zur Viererscharte im oberen Dammkar eine fast durchgehende Aufstiegsschlange bildete: der legendäre Dammkarwurm. Auch wenn die überlieferte Zahl von Skifahrern angesichts von Höhenunterschied (1.200 Meter) und Distanz (sieben Kilometer) geflunkert erscheinen mag, ist sie durch alte Fotos tatsächlich zu belegen. Neben der 1952 eröffneten Dammkarhütte lud damals eine hypermoderne Eisbar zu geselligem Treiben ein, der Mittenwalder Vorreiter von Après-Ski.

Mit der Eröffnung der Karwendelbahn 1967 endete die Ära des Dammkarwurms. Von der Gipfelstation aus führt heute ein 400 Meter langer Tunnel unter der Westlichen Karwendelspitze hindurch zur längsten Freeride-Piste Deutschlands. Ein Reisemagazin hat die Abfahrt sogar zu einer der fünf spektakulärsten Pisten der Alpen gekürt. Bei aller Freeride-Begeisterung, die Dammkarabfahrt führt durch hochalpines Gelände und erfordert neben fahrerischem Können und entsprechender Kondition die Mitnahme der üblichen Tourenausrüstung wie Lawinenschaufel, Pieps und Sonde. So gerüstet, verliert auch das berüchtigte Kanonenrohr zwischen Bergwachthang und Waldgrenze seinen Schrecken. Ein Pistenabschnitt, der früher bestens von der Eisbar eingesehen werden konnte. Heute fehlt zum Schaulaufen aber nicht nur die Eisbar, es fehlen auch die einstmals berühmten Dammkar-Skihaserl.

Adresse Dammkar, 82481 Mittenwald | Anfahrt von Garmisch-Partenkirchen auf die B 2 Richtung Mittenwald bis »Mittenwald Zentrum – Karwendelbahn«, weiter in Richtung Karwendelbahn, dann gleich links unter der B 2 hindurch; kurz bevor man wieder auf die B 2 auffahren kann (Richtung München), parken, gegenüber Aufstiegsweg ins Dammkar | Öffnungszeiten unbedingt die aktuelle Lawinenlage beachten (Hinweisschild der Lawinenkommission am Parkplatz oder unter www.karwendelbahn.de) | Tipp Das Dammkar sollte unbedingt auch im Sommer erkundet werden, wenn die Dammkarhütte geöffnet ist (www.dammkarhuette.de). Es ist einer der schönsten Orte für einen romantischen Sonnenuntergang im Karwendel!

71 Die Gerltaferlkapelle

Die Kapelle mit den vielen Namen am Kaffeefeld

Der Weg auf den Kranzberg führt über die sonnigsten Bergwiesen Mittenwalds, auf denen bereits im ausgehenden Mittelalter die wärmeliebende Gerste angebaut wurde. Es ist eine der wenigen dafür geeigneten Anbauflächen im Werdenfelser Land. Die Kranzberg-Gerste wurde vor allem zur Herstellung des Reahrle-Rounzers verwendet, eines aus Wegwartenwurzeln und Feigen aus Italien zubereiteten Malzkaffees. Eine echte Mittenwalder Spezialität, die der Wiese den Namen »Kaffeefeld« einbrachte. Das Kaffeefeld gehörte somit schon immer zu den begehrtesten Mittenwalder Fluren.

Es ist nicht mehr nachzuvollziehen, wann dort ein Bildstock mit dem Gemälde »Maria Heimsuchung« errichtet wurde, verbürgt ist aber das Eigentumsrecht einer Gertraud »Gerl« Zeser am Kaffeefeld. Bei der Eheschließung eines Mittenwalder Händlersohns im Jahre 1788 wird eine Wiese »bei der Gerl-Tafel« urkundlich als Hochzeitsgut erwähnt. Als Mitte des 19. Jahrhunderts das Ehepaar Josef und Katharina Kriner die Wiese samt Bildstock erbte, ließ es diesen restaurieren und erbaute im Frühjahr 1857 zusätzlich eine Kapelle. Nach deren Fertigstellung übersiedelte das Bild »Maria Heimsuchung« in das kleine Gotteshaus, in den Bildstock hielt eine Statue des Viehpatrons St. Leonhard Einzug. Geweiht wurde die Kapelle auf den Namen »Maria Heimsuchung«. In den Folgejahren fanden jährliche Bittgänge zur »Gerltaferlkapelle« statt, die erst mit der Machtergreifung der Nationalsozialisten endeten. Ein Tiefpunkt in der Geschichte der zuweilen auch als »Gertraud-Tafel« bezeichneten Kapelle war das Jahr 1960, als das Altarbild bei einem Einbruch gestohlen wurde.

Heute ziert das Bild »Maria Hilf« aus Mittenwalder Kirchenbesitz die kleine Kapelle. Am reizvollsten ist ein Besuch am späten Vormittag, wenn zauberhaft tanzende Regenbogenlichter durch das Dreiecksfenster über der Tür hereinfallen.

Adresse Kaffeefeld 2, 82481 Mittenwald | Anfahrt von Garmisch-Partenkirchen auf die B 2, bis zur Abfahrt Klais, hinter dem Bahnübergang links, der St 2542 für vier Kilometer folgen, rechts zum Luttensee; nach knapp 900 Metern links in den Gröblweg, der zum Parkplatz an der Kranzbergbahn führt, ab hier Wanderweg zur 500 Meter entfernten Gerltaferlkapelle | Öffnungszeiten immer zugänglich | Tipp Auf dem Weiterweg zum Kranzberggipfel befindet sich auf 1.250 Meter Höhe der Berggasthof St. Anton – ein Spielparadies für Kinder. Besonders beliebt sind der Barfußpfad und der große Wasserspielplatz.

72 Die Kaltblutzucht Zunterer

Die Heimat des berühmten Wies'n-Brauereigespanns

Alle sind sie ganz schön groß, die herrlichen Süddeutschen Kaltblüter, die schwarze Percheron-Stute … aber Cesar ist unstrittig der Chef im Stall. Nicht nur weil er als Hengst der Rangerste ist unter den Brabantern, einer belgischen Kaltblutrasse, sondern vor allem durch sein stattliches Stockmaß von weit über 1,80 Meter. Die neunpferdeköpfige Brabanterherde ist auch nicht irgendeine Sippe, es sind ganz besondere Tiere: Brauereirösser, die Wies'npferde der Münchner Paulaner-Brauerei. Ihre Aufgabe ist es, während des Oktoberfestes die alte Brautradition zu repräsentieren. Prunkvoll eingeschirrt ziehen die kräftigen Rotschimmel den aufsehenerregenden Fasswagen zum Einzug der Wies'nwirte und auf dem traditionellen Trachten- und Schützenzug am ersten Wies'nsonntag durch München. Während des restlichen Oktoberfestes fährt das Gespann unter der kundigen Führung von Sepp Zunterer in historischer Bierkutschertracht täglich um 11 Uhr in die sogenannte Bierzeltstraße und nimmt dort Aufstellung, um geduldig für Fotos begeisterter Besucher zu posieren.

Das funktioniert nur mit viel Training von liebevoller, aber starker Hand. Der Mittenwalder Sepp Zunterer vereinigt genau diese beiden Eigenschaften. Seit 30 Jahren züchtet er die schweren Pferde, man merkt ihm die Erfahrung an jeder Handbewegung an. Insgesamt 25 Kaltblüter – vom teddybärähnlichen Hengstfohlen bis zum Austragswallach im Gnadenbrot – bevölkern den großzügigen Laufstall, nur die wilden Hengste wohnen in eigenen Boxen auf der gegenüberliegenden Seite der Heugasse.

Mindestens einmal pro Woche werden die Pferde vor Kutsche oder Schlitten gespannt: Training wie Vergnügen, das auch Gäste genießen können. Zum Beispiel auf einer Kutschenfahrt zum Lautersee, nach der nicht nur pferdebegeisterte Mädchen gar nicht mehr aufhören mögen, im Stall die sanften Riesen ausgiebig zu streicheln.

Adresse c/o Gasthof Alpenrose, Obermarkt 1, 82481 Mittenwald, Tel. 0171/5747085, www.hotel-alpenrose-mittenwald.de | **Anfahrt** von Garmisch-Partenkirchen auf die B 2, bis zur Abfahrt »Mittenwald Süd«, der Innsbrucker Straße bis zum Parkplatz am Dekan-Karl-Platz folgen, über den Platz in die Fußgängerzone am Obermarkt | **Öffnungszeiten** nach Vereinbarung | **Tipp** Zum Familienbetrieb Zunterer gehört auch das traditionsreiche Gasthaus Alpenrose im Herzen von Mittenwald. Vor 500 Jahren war es ein Augustinerkloster. Martin Luther übernachtete hier auf seiner Rückreise aus Rom im Februar 1511. Sicherlich hätten auch ihm die heute täglich frischen Weißwürste mit frisch gebackenen, lauwarmen Brezen geschmeckt.

73_Der Krausegarten

Wo im Herbst Lebkuchen an den Bäumen hängen

Es war die Zeit der Landschaftsgärten, Anfang des 20. Jahrhunderts, als der königlich bayerische Kommerzienrat Max Krause beschloss, unterhalb des Mittenwalder Burgbergs seinen Familiensommersitz samt großzügigem Garten errichten zu lassen. Aus dieser Idee heraus entstand ab 1908 eine imposante Parklandschaft, die einem botanischen Garten ähnelt und 1922 mit dem Bau der Krause-Villa im oberen Gartenteil ihren krönenden Abschluss fand. Nach dem Tod Krauses 1956 verfiel das Anwesen zusehends, obwohl es unmittelbar von der Gemeinde Mittenwald gekauft worden war, um in seiner Gesamtheit erhalten zu bleiben. Erst als in den 1980er Jahren ein Isartaler Unternehmer die Villa auf Erbpacht übernahm und renovierte, blühte auch der Krausegarten als Mittenwalder Kurpark zu einem zweiten Leben auf. Die Blumenrabatten am Eingang stammen aus dieser Zeit. Heute kümmert sich der Mittenwalder Gemeindegärtner um die acht Hektar große Anlage, die zu den ganz wenigen Parks gehört, die wirklich bei jedem Wetter schön sind.

Schaustücke sind neben dem klassischen Alpinum mit Enzian und Edelweiß vor allem rund 8.000 teils exotische Bäume. Gartengründer Max Krause hatte eine Vorliebe für nordamerikanische und asiatische Pflanzen wie den Lebkuchenbaum (auch Katsurabaum, Cercidiphyllum japonicum), dessen Herbstlaub charakteristisch nach der Gebäckspezialität duftet. Dabei hatten sich die Baumpflanzungen als ungeahnt schwierig erwiesen, aufgrund des felsigen Untergrunds mussten zahlreiche Pflanzlöcher erst gesprengt werden. Trotz dieser intensiven Bemühungen überstanden viele der Bäume die ersten Mittenwalder Jahre nicht. Nicht nur das raue Gebirgsklima, vor allem der über drei Monate anhaltende Winterschatten machten ihnen über die Maßen zu schaffen.

Zahlreiche Sitzbänke rund um den Fischteich und an der Kneippanlage laden die Gartenbesucher zum Verweilen ein.

Adresse Kurpark am Burgberg, Ferchenseestraße, 82481 Mittenwald | **Anfahrt** A 95 von Garmisch-Partenkirchen auf die B 2, bis zur Abfahrt »Mittenwald Süd«, der Innsbrucker Straße für circa 700 Meter Richtung Ortszentrum folgen, dann links in die Ferchenseestraße | **Öffnungszeiten** täglich 9–20 Uhr | **Tipp** Auch im Ortszentrum von Mittenwald ist ein besonderer Baum zu bewundern. In der Klammstraße steht eine über 200 Jahre alte Wildbirne mit eindrucksvollem Stammumfang von 4,20 Metern.

74_Der Marchstein

Wo der Mohr über das Werdenfelser Land wacht

Unmittelbar nachdem der Freisinger Bischof Emicho im Jahre 1294 die Burg Werdenfels mitsamt Ländereien gekauft hatte, begann der Verdruss: Im Kaufvertrag fehlte eine exakte Grenzfestlegung. Für die Nachbarn Bayern und Tirol eine Einladung, die Grenzen zu ihren Gunsten zu verändern. Um das Treiben zu unterbinden, vermarchten die Freisinger laufend ihren Grenzverlauf: Der nicht mehr gebräuchliche Begriff »vermarchen« wird im Bayerischen Wörterbuch aus dem Jahre 1828 mit der »Handlung des Grenzzeichensetzens« erklärt. Einige der Marchsteine sind erhalten, meist abseits größerer Straßen. Einer der schönsten befindet sich an der Weißen Leiten am Isarhochufer bei Wallgau.

Noch heute ist die »Weiße Leiten« Landkreisgrenze zwischen Garmisch-Partenkirchen und Bad Tölz, eine Einteilung, die sich auf die historische Grenzlinie zwischen dem Herzogtum Bayern und der Grafschaft Werdenfels von 1539 bezieht. Als der erste Marchstein vom Frost gesprengt worden war, entschied man sich für eine wirklich haltbare Lösung und kaufte 1628 vom Schlehdorfer Marmorbruch einen knapp einen Meter hohen Marmorstein und hat ihn »auf die Weiß-Leuthen under Mittenwald bringen lassen, aldorten aufzesetzen«.

Auf der bayerischen Seite ziert den Marchstein das weiß-blaue Rautenwappen der Wittelsbacher mit der Inschrift »M H I B« als Namenskürzel des ab 1597 regierenden Herzogs Maximilian I. von Bayern. Der leuchtend bunte Mohrenkopf auf der anderen Seite des Steins ist das Insignium der Bischöfe von Freising. Heraldisch bezieht er sich entweder auf die Teilnahme eines Freisinger Bischofs am Zweiten Kreuzzug (1144–1149) oder auf den heiligen Mauritius. Die unterhalb des Aufstelljahres 1628 eingemeißelte Jahreszahl 1739 steht für ein Vermarchungsprotokoll dieses Jahres, die Buchstabenfolge »V A E F« für Vitus Adamus Episcopus Frisingensis, den Freisinger Bischof Veit Adam von Gepeckh.

Adresse Weiße Leiten, Isarhochufer bei 82499 Wallgau | **Anfahrt** A 95 Ausfahrt Murnau/Kochel, über den Kesselberg nach Wallgau, von der Ortsmitte zum »Parkplatz Isarbrücke«, zu Fuß auf der Forststraße nach Vorderriß; nach circa drei Kilometern wird das Sträßchen steiler, in der Mitte des Anstiegs, direkt vor einer Rechtskurve, zweigt links ein undeutlicher Karrenweg in den Wald ab; diesem geradeaus für 400 Meter bis zum Markgraben folgen, dann links bis zum deutlichen Eck der Geländekante, an der sich der Stein befindet | **Tipp** Am Weg von Wallgau zum Marchstein befindet sich die Auhütte, die vom Muttertagswochenende bis Kirchweih zur Brotzeit mit selbst gebackenem Brot und Gamsknackern einlädt (Tel. 0172/9469734).

75 Der Marmorbruch

Auf steilem Knappenweg zur roten Kostbarkeit

Es ist ein Statussymbol: Wer es sich leisten kann, gestaltet mit Marmor. In und um die Grafschaft Werdenfels war einst roter Marmor das Objekt aller bauherrlichen Begierden. Herzog Albrecht V. von Bayern, ein Mann mit großem Hang zu Pracht und Luxus, schätzte das Karwendelgestein und nutzte es zum Ausbau seiner Münchner Residenz. Die Stadt selbst hatte schon 1473 »19 1/2 Flöße mit Gredersteinen« eines Steinmetzmeisters Hans aus Mittenwald für den Bau des großen Rathaussaales bezogen. In den folgenden Jahrzehnten wurde Mittenwalder Marmor zu einem der beliebtesten Baustoffe der bayerischen Hauptstadt und fand Verwendung als Kirchenausstattung des Alten Peters oder bei der großen Kaskade im Schlosspark von Nymphenburg.

Dabei ist der Mittenwalder Marmor gar kein Marmor im eigentlichen Sinn, sondern vielmehr ein rot gefärbter Sandstein, der keine marmortypische Umwandlung durch Hitze und Druck im Erdinneren erfahren hat. In bergfeuchtem Zustand ist er für Steinmetze leicht zu bearbeiten, durch die feine Korngröße wird der Stein beim Polieren glatt wie echter Marmor. Außerordentlich wertvoll macht den Mittenwalder Stein seine besondere Zeichnung. Weiße Seelilien, fossile Meerestiere aus grauer Vorzeit, verwandeln jedes einzelne Werkstück in ein zart gezeichnetes Unikat.

Anfang des 20. Jahrhunderts war der Steinbruch erschöpft und wurde aufgelassen. Ein Jammer vor allem deshalb, weil im Zweiten Weltkrieg scheinbar alle mit Mittenwalder Marmor gefertigten Gebäude in München zerstört wurden. Erhalten sind dagegen noch mehrere Bauwerke aus dem noch weicheren Mittenwalder Sandstein, wie Statuen der Wittelsbacher Stifterfamilie auf der Münchner Theatinerkirche oder die Reliefplatten der Loggia im zweiten Stock des weltberühmten Goldenen Dachls in Innsbruck. Diese heute ebenfalls erschöpften Steinbrüche befanden sich nördlich von Mittenwald auf der orografisch linken Isarseite.

Adresse Marmorgraben, 82481 Mittenwald | **Anfahrt** von Garmisch-Partenkirchen auf die B 2, bis zur Abzweigung »Mittenwald Nord«, auf die St 5242, nach 6,2 Kilometern links zur Edelweißkaserne, links am Mulidenkmal vorbei und durch die Unterführung auf die andere Seite der B 2; wieder links, Wanderparkplatz nach 400 Metern; der Forststraße für circa 480 Meter folgen, bei einem steilen Sträßchen rechts, im Wald 500 Meter hinter dem verfallenden ehemalige Café Marmorbruch | **Öffnungszeiten** frei zugänglich – Achtung, Steinschlaggefahr unterhalb des ehemaligen Abbaugebietes! | **Tipp** Am Rande der Aschau-Alm nördlich des ehemaligen Café Marmorbruch befindet sich eine kleine Almkapelle aus dem 19. Jahrhundert. Erstaunlicherweise zeigt das Altarbild nicht nur die Dreifaltigkeit Gottvater, Gottessohn und Heiliger Geist, sondern auch die Gottesmutter Maria mit ihren Eltern Anna und Joachim als zweite Dreiergruppe.

76 Mary's MarmeLaden

Feinkostmanufaktur für heimische Wildkräuter

Wer die Feinkostmanufaktur Mary's MarmeLaden in hungrigem Zustand besucht, riskiert garantiert einen knurrenden Magen. Denn dies ist nicht nur ein Ladengeschäft, hier wird die Ware in der angeschlossenen Küche frisch zubereitet. Ein himmlischer Duft umfängt die Kunden, wenn Kräuterfachmann Udo Schönthaler vor ihren Augen ausgesuchte Schleckereien aus heimischen Kräutern und Beeren zaubert. Was gerade im großen Kupferkessel auf dem Gasherd vor sich hin köchelt, steht immer auf der Kreidetafel angeschrieben. Im Laufe des Jahres entstehen so über 200 Kräuterprodukte, darunter allein 70 verschiedene Marmeladen unterschiedlichster Geschmacksrichtungen. Zur Freude aller Hungrigen und Schleckermäulchen können alle Sorten verkostet werden!

Für die Qualität sorgt die Feinkostmanufaktur dabei nicht nur in der Küche, sondern bereits bei der Frischware. Alles zur Herstellung der Gelees, Sirupe, Kräutersalze und Liköre sammelt das Ehepaar Schönthaler selbst von Hand. Bevorzugtes Revier sind die Almwiesen rund um und hoch über Mittenwald, fernab von jedem Straßenverkehr.

Aber was, wenn eine Kräutersaison total verregnet ist und nur an einem einzigen Wochentag einmal die Sonne scheint? Auf diese Frage lächelt Udo Schönthaler nur verschmitzt. Nun, dann würde der MarmeLaden einfach ganz spontan zugesperrt, die Mission Kräutersammeln gehe vor. Die Kunden – Einheimische wie Feriengäste – hätten dafür durchaus Verständnis. »Schließlich kommen sie ja gerade wegen der frischen Kräuter zu uns. Und die müssen eben zur richtigen Saison gepflückt werden.«

Seit 2008 besteht das Mittenwalder Ladengeschäft, der Grundstein wurde aber schon Jahre zuvor gelegt. Udo Schönthaler wollte seiner Frau einfach eine kleine Freude machen und kochte ihr aus selbst gesammelten Beeren ein Glas Brombeermarmelade. Ein kleines Glas – der Beginn einer großen Leidenschaft.

Adresse Dekan-Karl-Platz 21, 82481 Mittenwald, Tel. 08823/936897, www.marysmarmeladen.de | **Anfahrt** A 95 bis zum Autobahnende Eschenlohe, auf der B 2 bis zur Abfahrt »Mittenwald Süd«, der Innsbrucker Straße bis zum Parkplatz am Dekan-Karl-Platz folgen | **Öffnungszeiten** Mo–Fr 9–18 Uhr | **Tipp** Am Dekan-Karl-Platz 21 befindet sich die einzige Schwarze Madonna Mittenwalds: In einer wunderschönen Lüftlmalerei ist dort die Altöttinger Gnadenmadonna dargestellt.

77_Das Mulidenkmal

Ein Dank an den besten Freund der Gebirgsjäger

Edda und Max waren die Lieblinge der Kompanie. Dabei waren die beiden letzten Tragtiere der Mittenwalder Gebirgsjäger nur zu Gelöbnissen und Appellen eingesetzt worden. Heute sind die Ställe der Edelweißkaserne leer.

Mulis, wie Maultiere umgangssprachlich genannt werden, gelten als gutmütig und ausdauernd. Mit dem Befehl »Eine Tragtierlänge Abstand, Marsch!« setzt sich eine Kompanie in Marsch. Der Mensch bestimmt die Richtung, das Tier das Tempo. Die Führleine ist immer locker, und bleibt ein Muli plötzlich stehen, wird es kein Gebirgsjäger antreiben. Es heißt, es könnte sonst beider Tod sein – den vierbeinigen Kameraden wird von den Gebirgsjägern ein siebter Sinn nachgesagt. Ab 1958 gehörten Mulis zum gewohnten Bild in den Mittenwalder Bergen – bis 1981 ihre Gebirgstragtierkompanie aufgelöst wurde. Aber sollten die Mittenwalder Gebirgsjäger fortan ohne ihr Symboltier sein? Nein, beschlossen sie und gründeten den Tragtierverein Mittenwald, der für den Unterhalt der letzten Mulis sorgte. Mit dem Ende der allgemeinen Wehrpflicht 2011 ging auch diese Zeit zu Ende. Edda war bereits im Pferdehimmel, Max hatte Aussicht auf ein schönes Gnadenbrot auf einer Mittenwalder Alm. Genießen konnte er seinen Ruhestand aber nicht mehr. Kurz nach der Ankunft auf der Alm brach er sich den Fuß und musste eingeschläfert werden. Nur noch das Mulidenkmal erinnert jetzt an den besten Freund der Gebirgsjäger.

Der bekannteste Mulifűhrer der Werdenfelser Gebirgsjäger war übrigens eine Frau. Wie schon auf der Bühne war die Volksschauspielerin Liesl Karlstadt 1941 in eine Hosenrolle geschlüpft und hatte zwei Jahre in der Tragtierkompanie gedient. Eine Frau bei den Gebirgsjägern konnte natürlich nicht unentdeckt bleiben. Aber als ihr Vorgesetzter Major Willi Schleifer seine neue Untergebene enttarnte, ließ er den Schwindel nicht auffliegen, sondern ernannte sie zum »Obergefreiten Gustl«.

Adresse Am Hirtbichl 1, 82481 Mittenwald | **Anfahrt** A 95 bis zum Autobahnende Eschenlohe, auf der B 2 bis zur Abfahrt »Mittenwald Nord«, nach sechs Kilometern links zur Edelweißkaserne, man fährt direkt auf das Mulidenkmal zu | **Tipp** Seit 1957 befindet sich auf dem Hohen Brendten am Luttensee das umstrittene Ehrenmal der Gebirgstruppe. Heimkehrende Soldaten hatten es errichtet, um an die gefallenen Kameraden des Ersten und Zweiten Weltkriegs zu erinnern. Vom Parkplatz Luttenseeskilift aus ist es auf einer breiten Forststraße zu Fuß zu erreichen.

78 Der Stein-Garten

Schottisches Ambiente im Werdenfelser Land

Wer an einem nebeligen oder regnerischen Tag von Mittenwald aus eine kleine Rundwanderung über Laintal und Lautersee unternimmt, dem kann es passieren, dass er sich kurz bevor er Mittenwald wieder erreicht, nach Schottland versetzt wähnt. Fast wie in den Highlands reckt sich auf einer Anhöhe ein Steinkreis dem Himmel entgegen. Tatsächlich befinden wir uns immer noch im Werdenfelser Land. Es ist auch nicht einfach ein Kreis, es sind mehrere Kreise ineinander, die einladen, näher zu kommen und sie wie ein Labyrinth Schritt für Schritt zu erkunden.

Vielleicht als Ausgleich zur Tätigkeit seiner Frau Maria, als Inhaberin der Edelstein-Boutique »Im Gries« mit ganz kleinen Steinen befasst, hat der Mittenwalder Georg Gschwendner eine Leidenschaft für ganz große Steine entwickelt. Weit über 50 Felsen und Findlinge, von denen keiner weniger als 200 Kilogramm wiegt, hat er über Jahre hinweg gesammelt und 2010 auf seiner Wiese am Fuße des Kranzbergs als besonderes Kunstwerk und ausgewiesenen Aussichtspunkt aufgestellt.

Felsblöcke aus Mittenwalder Marmor, Granit und Glimmer-Schiefer aus der Silvretta und viele weitere Gesteinsarten aus den bayerischen und Tiroler Bergen bilden drei konzentrische Kreise, in deren Mitte sich eine tischartig gestaltete Felsengruppe befindet. Die einzelnen Ringe wirken wie Spiralen, die sich zum Zentrum hin verdichten. Dort ist der schönste Platz im ganzen Stein-Garten, der Blick auf das gegenüberliegende Karwendelgebirge ist grandios. Aber auch das Hintergrundwissen kommt nicht zu kurz. Die einzelnen Steine sind mit Erläuterungsschildern zu Fundort und Gesteinsart versehen.

Für Maria Gschwendner ist der Stein-Garten ein richtiger Kraftplatz. Einheimische wie Gäste besuchen ihn, um Energie zu tanken – und vielleicht um sich ein bisschen in die sagenumwobenen schottischen Highlands versetzt zu fühlen.

Adresse Kaffeefeld, 82481 Mittenwald | **Anfahrt** von der A 95 auf der B 2 bis zur Abfahrt Klais, hinter dem Bahnübergang links der St 2542 vier Kilometer folgen, rechts zum Luttensee abbiegen; nach knapp 900 Metern links in den Gröblweg abzweigen, der zum Parkplatz an der Kranzbergbahn führt; weiter auf dem »Kaffeefeld« Richtung Lautersee in 600 Metern zum Stein-Garten | **Tipp** Nach weiteren 200 Metern befindet sich direkt am Wanderweg zum Lautersee im Winter eine große Vogelfütterstation, die zu jeder Tageszeit von allen Arten heimischer Singvögel rege besucht wird.

79 Das alte Weinhaus Kiermeier

Wo Horváths Italienische Nacht tobte

Ödön von Horváth gelang es wie keinem anderen Literaten, aus der Beobachtung das Leben der »einfachen« Leute in seinen Texten einzufangen. Einen passenden Rahmen für diese »Studien« boten ihm die zahlreichen Wirtshäuser in und um Murnau. Häufig waren sie die Schauplätze der Handlung seiner Werke, nachdem der aus österreichisch-ungarischem Kleinadel stammende Horváth im Jahre 1922 hierhergezogen war. Die Gartenwirtschaft Pantlkeller etwa muss ihn so beeindruckt haben, dass er ihr in seinem Theaterstück »Die Italienische Nacht« ein literarisches Denkmal setzen wollte. Das Stück erzählt vom Ausgang einer Feier linker Republikaner in einem Gartenlokal, die von Faschisten gesprengt wird. Auslöser der Krawalle ist die Verschandelung eines Denkmals für den Landesvater.

Doch kurz vor der Uraufführung in Berlin am 20. März 1931 wird Horváth von der Aktualität der Ereignisse überrollt: Genau wie er es beschrieben hatte, stürmen am 1. Februar 1931 örtliche und extra mit der Bahn angereiste Nationalsozialisten unter der Leitung des NSDAP-Kreisleiters Otto Engelbrecht die Veranstaltung »Demokratie oder Diktatur« des SPD-Ortsverbandes Murnau im Weinhaus Kiermeier. Viel heftiger als in der ersten Fassung der »Italienischen Nacht« kommt es zu einer Saalschlacht – und ausgerechnet Ödön von Horváth ist Augenzeuge des Geschehens. Er hatte im Weinhaus zufällig seinen Stammtisch.

Die Bilanz der Saalschlacht war bitter: 26 Verletzte, ein komplett zertrümmertes Lokal und eine ruinierte Wirtsfamilie. Im späteren Prozess vor dem Weilheimer Schöffengericht, bei dem auch von Horváth als Zeuge geladen war, wurden dennoch alle freigesprochen.

Heute beherbergt das trutzig wirkende Anwesen eine Bank, nachdem 1950 die 200-jährige Tradition gepflegter Weinwirtschaften endete und der letzte Wirt das Lokal für immer schloss.

Adresse Schloßbergstraße 2, 82418 Murnau | Anfahrt von der A 95 Ausfahrt Murnau/Kochel nach Murnau, am Untermarkt rechts, die Schloßbergstraße ist die vierte Straße rechts | Öffnungszeiten nur von außen zu besichtigen | Tipp Das reale Vorbild des Denkmals des ehemaligen Landesvaters aus der »Italienischen Nacht« steht im Ödön-von-Horváth-Weg. Es handelt sich um das erste König-Ludwig-II-Denkmal überhaupt und wurde 1895 vom Posthalter August Bayerlacher errichtet.

80 Die Essecke im Russenhaus

Wo Gabriele Münter mit Kandinsky speiste und lebte

1901 hatte Gabriele Münter den zehn Jahre älteren Wassily Kandinsky als Dozenten in einer Münchner Kunstschule kennengelernt und war dem Charme des verheirateten Russen verfallen. Nach acht Jahren Versteckspiel bezog das Paar im Sommer 1909 ein neu gebautes Haus in Murnau. Mit viel Engagement widmeten sich beide der Ausgestaltung ihres Domizils. Er bemalt Treppenwangen und das Nachtkästchen seines »Ellchens«, sie besorgt geblümte Leinenvorhänge im Münchner Kaufhaus Oberpollinger und malt Innenansichten ihres Hauses. Eines ihrer Lieblingsmotive war die Essecke, die sie unter anderem in ihrem Gemälde »Kandinsky und Bossi am Tisch« (1912) festhielt. Die Malerin Erma Bossi war nur eine von vielen Besuchern in dem Haus, das von den Einheimischen bald das »Russenhaus« genannt wurde. Andere Gäste waren August Macke und Franz Marc mit ihren Frauen. Mit ihnen zusammen entwarfen Münter und Kandinsky im Oktober 1911 in besagter Essecke den Kunst-Almanach »Der Blaue Reiter«.

Doch das Glück war von kurzer Dauer. Nach Kriegsausbruch 1914 kehrte Kandinsky nach Russland zurück, teilte Gabriele Münter zwei Jahre später die Trennung mit und brach danach jeden Kontakt ab. Erst viele Jahre später konnte Münter wieder malen, unterstützt durch ihren Lebensgefährten Johannes Eichner, mit dem sie auch das Murnauer Haus wieder bezog. Nach Gabrieles Tod 1962 ging das Haus in die Gabriele Münter- und Johannes Eichner-Stiftung über, die es für die Öffentlichkeit zugänglich machte.

Einer der schönsten Eindrücke ist die Essecke im ehemaligen Wohnzimmer. Ganz wie auf Gabriele Münters Bildern stehen auf dem Sims der dunklen Holzverkleidung verschiedene Figürchen aus der gemeinsamen Volkskunstsammlung von Münter und Kandinsky, und fast meint man, jeden Augenblick könne der russische Maler mit Lederhose und Wadelstrümpfen angetan den Raum betreten.

Adresse Münter-Haus, Kottmüllerallee 6, 82418 Murnau, Tel. 08841/628880, www.muenter-stiftung.de | **Anfahrt** von der A 95 Ausfahrt Murnau / Kochel nach Murnau, am Burggraben rechts, zweite Straße links und gleich wieder rechts | **Öffnungszeiten** Di – So 14 – 17 Uhr | **Tipp** Auf dem nahe gelegenen Gabriele-Münter-Platz erinnert eine Büste an die Malerin.

81 Das Murnauer Storchennest

Wo Störche vor der Alpenkulisse klappern

Als Zugvögel sind Weißstörche echte Frühjahrsboten, wenn sie im März um die Zeit der Tagundnachtgleiche wieder ihre Horste beziehen. Ein Datum, das mit dem kalendarischen Frühlingsbeginn zusammenfällt und in kulturellem Kontext im Zusammenhang mit Mariä Verkündigung (25. März) steht. Der Storch wurde damit nicht nur für das Jesuskind zum Babyboten, sondern ganz allgemein zum Glücksbringer. In Häuser, auf deren Dach er nistet, soll das Glück einkehren, besonders Kinder würden davon profitieren.

Ob das Storchenpaar 2013 mit dieser Intention zielgenau die Murnauer Emanuel-von-Seidl-Grundschule anflog, ist nicht bekannt. Sicher ist jedoch, dass »Emanuel und Emanuela« umgehend zu den erklärten Lieblingen aller Schulkinder wurden. Sie sind das südlichste Brutpaar Deutschlands. Dabei ist der Voralpenraum aufgrund klimatischer Bedingungen und der vielen Niederschläge eher ungünstig für Weißstörche. Experten des Landesbunds für Vogelschutz (LBV) bezeichnen das Murnauer Storchenpaar als Grenzgänger, die die Klimagrenze austesten. Wie schwierig sich das Brutgeschäft so nah am Alpenrand gestalten kann, zeigte die dramatische Nistsaison 2015, als das Murnauer Storchenkind »Muki« erst nach einem kurzzeitigen Pflegeaufenthalt seinen Flug antreten konnte.

Die beste Zeit zur Storchbeobachtung ist nach ihrer Ankunft im Frühjahr morgens und abends, wenn sie mit klappernden Schnäbeln ihr klassisches Balzritual aufführen, zur Brutsaison zwischen Ende April und August auch tagsüber. Spätestens im September verlassen die Störche ihren Horst wieder, um die lange Reise in den Süden anzutreten. Weißstörche sind sich zwar in ihrem bis zu 35-jährigen Leben als Partner nicht immer treu – einem geeigneten Nistplatz dagegen schon. So können sich nicht nur die Murnauer Schulkinder auf viele Jahre Storchenglück freuen.

Adresse Emanuel-von-Seidl-Grundschule, Mayr-Graz-Weg 14, 82418 Murnau, der beste Beobachtungsplatz ist direkt an der Friedhofsmauer | **Anfahrt** von der A 95 Ausfahrt Murnau/Kochel nach Murnau, circa 850 Meter nach dem Ortseingang rechts in die Schweigangerstraße und nach circa 600 Metern links in den Mayr-Graz-Weg | **Öffnungszeiten** zwischen Ende März und Mitte Aug. | **Tipp** In der obersten Gräberreihe des an die Emanuel-von-Seidl-Grundschule angrenzenden Murnauer Friedhofs befindet sich das Grab von Gabriele Münter, das direkt auf das Münterhaus (siehe Ort 80) ausgerichtet ist.

82 Der Seidl-Park

Vergessenes Landschaftsgartenjuwel mit Hirsch

Ein Häuschen im Alpenvorland galt Anfang des 20. Jahrhunderts als »Dernier Cri« in der Münchner Gesellschaft. Für den Star-Architekten Emanuel von Seidl sollte es natürlich ein etwas größeres Anwesen mit stilvollem Landschaftspark sein. Das nötige Kleingeld für Bau und luxuriösen Lebensstil war dank mehrerer lukrativer Aufträge reichlich vorhanden. Seidls rauschende Murnauer Gartenfeste mit viel Adel und Prominenz wurden berühmt, die High Society drängte sich auf seinem Anwesen.

Einen geradezu legendären Ruf erwarb eine Privatvorstellung von Shakespeares »Sommernachtstraum« von Regisseur Max Reinhard am 28. August 1910 zu Seidls 64. Geburtstag an wechselnden Szenerien im Garten. Im Hernen-Rondell erinnert eine Shakespeare-Büste neben Goethe, Beethoven und Mozart an den Abend, an dem sich gleich zwei Königinnen – Maria von Neapel und Elisabeth von Belgien – die Ehre gegeben hatten. Das Rondell war auch der Lieblingsort des Architekten. Ehefrau Maria dagegen bevorzugte die Hirschenterrasse am Panoramaweg. Es sei ihr Glücksplatz gewesen, heißt es. Im Zentrum stand ein Brunnen mit acht goldenen Äpfeln, die Aussichtsterrasse auf die Berge wurde von zwei sitzenden Hirschen mit goldenen Geweihen flankiert.

Nach Seidls Tod 1919 erbte die Marktgemeinde Murnau Landhaus und Park mit der Auflage, das Ensemble in seinem Bestand zu erhalten. Dennoch wurde die Villa 1972 abgerissen. Der Park war längst verwildert. Mit der Gründung des Fördervereins Murnauer Parklandschaft 2010 begann die Arbeit von über 200 Freiwilligen, die den Park entbuschen, überteerte Wege wieder freilegen und die Anlage damit zu neuem Leben erwecken. Und wer weiß, vielleicht wird bald nach Hernen-Rondell und Hirschenterrasse auch der »Gloriettl« genannte Pavillon am See, von dem nur noch ein paar Fundamente mit rustikalen weiß-blauen Fliesenresten erhalten sind, in altem Glanz erstrahlen.

Adresse Mühlhagener Straße, 82418 Murnau | **Anfahrt** von der A 95 Ausfahrt Murnau/Kochel nach Murnau, am Ortseingang links in die Professor-Küntscher-Straße, nochmals links in die Loisachstraße und dieser bis zur Mühlhagener Straße folgen, hier beginnen mehrere Spazierwege in den Seidlpark | **Öffnungszeiten** immer | **Tipp** Am südlichen Rand des Seidl-Parks befindet sich in der Bahnunterführung zur Hechendorfer Straße eines der wenigen Street-Art-Objekte im Werdenfelser Land, besonders gelungen ist der Alien mit Feuerkugel auf der Parkseite der Unterführung.

83 Die Vier Linden

Wo hoch über Murnau Recht gesprochen wurde

Heute sind die Vier Murnauer Linden harmonisch in das Ortsbild eingebettet, zu Beginn des 14. Jahrhunderts standen sie auf einer deutlichen Anhöhe, von wo aus die Sicht über die alte Burg und den Murnauer Ortskern hinweg bis zum Staffelsee und weit ins Alpenvorland reichte. Kaiser Ludwig der Bayer hat von hier hinabgeblickt, als er im Jahre 1332 Murnau zum »kaiserlich gefreiten Markt Murnau« erhob, dem auch die Gerichtsbarkeit unterstand. Das Recht sollte an ebendiesem Platz gesprochen werden, denn Gerichtsprozesse wurden im Mittelalter unter freiem Himmel abgehalten. Rundherum wurden Linden gepflanzt, da sie ein dichtes Blattwerk bilden und im Wuchs als passende Umfriedung geformt werden konnten. Vor allem aber fiel die Wahl auf diese Bäume, da man ihnen nachsagte, unter ihnen vor Blitzschlag gefeit und näher an der Wahrheit zu sein. Häufig standen Gerichtslinden wie in Murnau an landschaftlich markanten Punkten wie Hügeln oder Anhöhen oberhalb von Ortschaften. Noch heute sind vielerorts Dorflinden ein beliebter Treffpunkt. Das Privileg der Gerichtsbarkeit konnte Murnau nur für kurze Zeit beanspruchen, bereits nach wenigen Jahren fiel das Gerichtswesen an das neu gegründete Kloster Ettal. Kaiser können wankelmütig sein in ihrer Gunst.

Aber auch wenn der Lindenplatz als Gerichtsstätte ausgedient hatte, kamen die Menschen weiterhin zu den alten Bäumen, als Zeichen der Wertschätzung des Ortes wurde sogar ein Gnadenbild der Schmerzhaften Muttergottes aufgestellt. Überlieferungen nach bewegte die Muttergottes 1821 die Augen und weinte. Zum Schutz des Gnadenbilds und wegen der vielen Gläubigen wurde die Madonna in die Murnauer Maria-Hilf-Kirche verbracht.

Auch der Maler Wassily Kandinsky schätzte die Vier Linden als Hain der Ruhe, unter anderem schuf er hier 1908 das Bild »Landschaft mit Turm«, das heute im Musée National d'Art Moderne in Paris ausgestellt ist.

Adresse Am Eichholz, 82418 Murnau | **Anfahrt** von der A 95 Ausfahrt Murnau/Kochel nach Murnau, circa 850 Meter nach dem Ortseingang rechts in die Schweigangerstraße, dann die vierte Straße links | **Tipp** Die Maria-Hilf-Kirche mit dem Gnadenbild der Schmerzhaften Muttergottes befindet sich am Untermarkt 5 im Ortszentrum von Murnau.

84 Das Ramsachkircherl

Wo einst der Lindwurm besiegt wurde

Am Rande des Naturschutzgebietes Murnauer Moos liegt die St.-Georgs-Kirche, von Einheimischen auch liebevoll »'s Ähndl« genannt. St. Mang, der frühchristliche Missionar aus dem Allgäu, gilt als ihr Gründer. Er war ein Drachentöter, genauso wie der Namenspatron der kleinen Kirche.

»Ähndl« bezeichnet im bayerischen Dialekt einen Ahnen oder eine Ahnin, was auf das hohe Alter des Bauwerks hinweist. Noch älter als die Kirche soll die in ihr aufbewahrte, 60 Zentimeter große, eiserne Handglocke sein. Sie ist ein typisches Accessoire der iroschottischen Wandermönche und wurde um das Jahr 700 gefertigt. Beachtenswert im Interieur der Kirche sind außerdem die Lüster und die aus Glas geblasenen roten Federblumen zwischen den Altarleuchtern, die in der ehemaligen Glashütte im Fuchsloch (siehe Ort 102) hergestellt wurden. Die in einer Nische über dem Hauptaltar befindliche Muttergottes stammt aus dem 12. Jahrhundert und hat über all die Jahrhunderte nichts von ihrem schlichten Liebreiz eingebüßt.

Der Sage nach hauste einst in der Nähe der Kirche ein grauenhafter Lindwurm, der Opfer in Form von Jungfrauen forderte – so lange, bis ein mutiger Murnauer das Untier erstach. Orte, die in Verbindung mit Drachensagen oder auch mit dem heiligen Georg stehen, befinden sich oft auf Kultstätten früherer, vorchristlicher Kulturen. Der Drachen steht als Symbol für den alten Glauben, der vom Schwert der Missionierung bezwungen wird. Auch der Ähndlhügel war solch ein alter Kultort, an der Stelle des heutigen Altars war möglicherweise einst ein Opferstein. Es ist gut vorstellbar, dass hier vor langer Zeit Feuer entzündet wurden, die weit ins Land hineinleuchteten.

Immer wieder kommen Menschen zum Ähndl, um die alten Erdenkräfte zu spüren und beim ausgiebigen Blick über die Weite des Murnauer Mooses und die dahinter aufragende Bergkette zu Ruhe und Erdung zu finden.

Adresse Ramsachstraße, 82418 Murnau-Ramsach | **Anfahrt** von der A 95 Ausfahrt Murnau/Kochel nach Murnau, in der Ortsmitte links auf die Garmischer Straße, nach 600 Metern rechts in die Ramsachstraße, vom Parkplatz 350 Meter zum Ramsachkircherl | **Öffnungszeiten** Mo–Mi, Fr–So tagsüber | **Tipp** Direkt neben der Kirche locken Wirtshaus und Biergarten »Ähndl« mit herausragender bayerischer Küche zur gemütlichen Einkehr mit wundervoller Aussicht (Ramsach 2, www.aehndl.de).

85 Die alte Starnberger Hütte

Einst Bergsteigerunterkunft, jetzt Seilbahnstation

Mehr als 600 Menschen von nah und fern nahmen am 24. Juni des Jahres 1911 den gut zweistündigen Weg auf sich, um an der Eröffnung der exponiert auf dem schmalen Kamm des Laberjochs gebauten Starnberger Hütte teilzunehmen. Hochmodern waren deren Ausstattung und Technik, eine Widderanlage pumpte fließendes Wasser herauf. Neben zwei Gasträumen verfügte die Unterkunft über sieben Zimmer mit insgesamt 16 Betten. Auch Richard Strauss besuchte gern die Starnberger Hütte. Von einem dieser Besuche ist folgende Anekdote verbürgt: Während der Komponist eine Klettertour auf das Ettaler Mandl unternahm, wartete seine Frau Pauline voller Sorge auf der Hütte. Bei seiner Rückkehr warf sie sich ihm überglücklich mit dem lauten Ausruf »Richard, du bist mein Held!« in die Arme …

Dann kam der Zweite Weltkrieg. Schon zu Kriegsbeginn 1939 wurde der Hüttenwirt Max Schiestl eingezogen, seine Frau konnte die Hütte allein nicht mehr bewirtschaften und öffnete sie nur noch sonntags für Tagesgäste. Für die Vorbereitungen stieg sie immer bereits am Vorabend hinauf – außer am Samstag, den 22. Juni 1940, als ein heftiger Gewittersturm jeden Gang auf den Berg verbot. Am späten Nachmittag schließlich musste die Wirtin hilflos zusehen, wie ein Blitz in die Hütte einschlug und das Gebäude vollständig niederbrannte. Für einen Wiederaufbau fehlten die Mittel, 1954 begrub der Alpenverein endgültig seine Hoffnung auf einen Neubau.

Doch der schöne Platz sollte nicht ungenutzt bleiben. Schon im Folgejahr wurde mit dem Bau einer Bergbahn von Oberammergau auf das Laberjoch begonnen, deren Bergstation auf dem Fundament der alten Starnberger Hütte errichtet wurde. 1957 konnte die Laberbahn in Betrieb genommen werden und ist heute die letzte noch verkehrende Großkabinen-Zweiseil-Umlaufbahn weltweit. In der Bergstation befindet sich eine Berggaststätte.

Adresse Bergstation der Laberbahn, Am Laberjoch, 82487 Oberammergau, www.laber-bergbahn.de | **Anfahrt** vom Autobahnende A 95 über Oberau nach Oberammergau, an der Abfahrt »Oberammergau Süd« die erste Straße rechts, bis zur Ludwig-Lang-Straße, nochmals rechts, 500 Meter zum Parkplatz an der Laberbahn | **Öffnungszeiten** Bergbahn und Gaststätte: täglich ab 9 Uhr (außer zur Revisionszeit im November) | **Tipp** Wer den Abstieg zu Fuß unternimmt, kommt direkt an der idyllisch gelegenen Soila-Alm vorbei, die während der Weidesaison von Juni bis Ende Oktober zu frischer Milch, Brotzeit und hausgemachtem Kuchen einlädt (www.soila-alm.de).

86 KünstlerEien

Schnitzkunst mit der bayerischen Wäscheklammer

Eigentlich war die Mutter dagegen, dass er die Familientradition als Schnitzer fortführt. Lieber sollte der Bub etwas Anständiges lernen! Doch es dauerte nicht lange, bis sich die wahre Berufung von Christian Mayr Bahn brach, die Kunst liegt ihm einfach im Blut. Schließlich war der bekannte Lüftlmaler Franz Zeraph Zwinck (1748–1792) einer seiner Vorfahren. Diese Erkenntnis war die Geburtsstunde der KünstlerEien in Oberammergau. Wie der Vollblutkünstler ausgerechnet zu den Klubberln – hochdeutsch Wäscheklammern – kam? »Das hat auch mit der Familie zu tun«, sagt Christian Mayr und lächelt ein wenig versonnen. Nach dem Tod seiner Großmutter stieß er in deren Haushalt auf einen ganzen Sack voll hölzerner Wäscheklammern und fand diese viel zu schade zum Wegwerfen. Da müsste man doch etwas draus machen können, dachte er sich und hatte schon eine erste Idee im Kopf, wie er das Klubberl als unverwechselbare Figur gestalten wollte.

Ideen hat der Klubberlschnitzer seitdem viele gehabt, bayerische Weihnachtsengel mit Maßkrug oder deren Ski fahrende Verwandte sind die Renner in der Weihnachtszeit. Touristen schätzen vor allem Trachtlerdarstellungen, während die Einheimischen personifizierte Sportler oder Krippenfiguren, die den eigenen Kindern gleichen, nachfragen. Die meisten seiner Werke fertigt der Schnitzer ohnehin auf Bestellung, so ist es für ihn auch kein Problem, den einen oder anderen Sonderwunsch zu erfüllen. Nur als er zum Abschied einer Lehrerin die ganze Schulklasse authentisch zu den Namensfähnchen gestalten sollte, da sei er schon ins Schwitzen gekommen …

Der Stil von Christian Mayr ist spannend und sehr eigen. Eher knallbunt als dezent und ein bisschen naiv, immer fröhlich und liebenswert – das ist seine Art, mit scharfem Blick die eine oder andere menschliche Unzulänglichkeit gekonnt in Klubberlkunstwerke umzusetzen.

Adresse Judasgasse 2, 82487 Oberammergau, Tel. 08822/935160, kuenstlereien@t-online.de | **Anfahrt** vom Autobahnende A 95 über Oberau nach Oberammergau, an der Abfahrt »Oberammergau Süd« der Ettaler Straße zur Pfarrkirche folgen, rechts in die Schnitzlergasse und bis zum Parkplatz an der Mannagasse, hier beginnt die Judasgasse | **Öffnungszeiten** bitte telefonisch erfragen | **Tipp** Die Klubberlschnitzerwerkstatt befindet sich im sogenannten Judashaus, dessen einstiger Hausname »Zum Lüftl« lautete. In diesem reich mit Lüftlmalereien geschmückten Anwesen soll einst Franz Zeraph Zwinck gewohnt haben, weshalb die von ihm zur Meisterschaft gebrachten Fassadenmalereien im Volksmund bald nur noch »Lüftlmalereien« genannt wurden – so die Legende.

87__Die Ölberghöhle

Die Grablegung Christi auf Oberammergauerisch

Nachdem in Oberammergau 80 Menschen an der Pest gestorben waren, gelobte die Dorfgemeinschaft im Jahre 1633, von nun an regelmäßig ein Passionsspiel aufzuführen. Schon ein Jahr später wurde das Gelöbnis eingelöst, seitdem wurde das Passionsspiel fast immer im zehnjährigen Rhythmus aufgeführt. Dargestellt werden die letzten fünf Tage im Leben Jesu vom Einzug in Jerusalem bis zu seiner Auferstehung. Anfangs wurde das Spiel auf einer Holztribüne aufgeführt, seit inzwischen über 80 Jahren in einem überdachten Theater in der Ortsmitte. Dabei befände sich bei Oberammergau sogar ein echter Ölberg!

War der Jerusalemer Ölberg Schauplatz der Gefangennahme Jesu, während seine Jünger in einer kleinen Grotte schliefen, ist sein Oberammergauer Pendant Schauplatz seiner Grablegung. Im Jahre 1965 schuf der Künstler Nikolaus Lang aus einem natürlichen Felsbrocken in einer Halbhöhle in der Nordflanke des Oberammergauer Ölbergs eine Skulptur, die er »Grablegung einer Christusfigur – vom Dorfe abgewandt« nannte. Dargestellt sind drei Personen, von denen eine den toten Jesus hält. Viele Jahre blieb das Kunstwerk relativ unbeachtet, auch von den vielen Gruppen, die die Höhle für ihre Feiern nutzten. Nur ein einheimischer Schatzsucher, der sich in den 1990er Jahren auf der Jagd nach römischen Artefakten befand, war offensichtlich nie eingeladen gewesen. Denn als er auf die ihm unbekannte Halbhöhle stieß, fiel ihm sogleich eine Steinskulptur ins Auge, die er aufgrund ihrer Beschaffenheit in die Römerzeit datierte und pflichtbewusst dem Bayerischen Landesamt für Denkmalpflege vermeldete … das die Entdeckung ebenfalls ernst nahm, da die Skulptur – so die spätere Einschätzung des Künstlers – durch die jahrelange Benutzung als Lagerfeuerunterlage in Verbindung mit Kalkstein über die Maßen gealtert war. Eine Rückfrage in Oberammergau wenige Tage später aber klärte den Fall umgehend auf.

Adresse Kälberplatte, 82487 Oberammergau | **Anfahrt** vom Autobahnende A 95 über Oberau nach Ettal, hinter Ettal links (Schild »Linderhof«), nach circa 1,8 Kilometern rechts in eine kleinere Straße abbiegen und dieser für circa 1,6 Kilometer folgen, links zweigt die Kälberplatte ab, parken und zu Fuß 100 Meter die Straße entlang, die Höhle liegt links hinter einem kleinen Quelltümpel | **Öffnungszeiten** immer frei zugänglich | **Tipp** Direkt neben der Ölberghöhle befindet sich an einer Felsplatte eine Gedenktafel für die verstorbenen Passionsspieler der Jubiläumspassion 1984.

88 Das Reptilienhaus

Aug' in Aug' mit dem Leguan

Von Kindesbeinen an war Herpetologe (Reptilienforscher) Thomas Lücke von Schlangen, Echsen und Fröschen fasziniert. Eine Leidenschaft, die er zum Beruf machte. Im März 1990 gründete er in Oberammergau mit 26 verschiedenen Tierarten das als Zoo anerkannte Reptilienhaus. Als Zoo anerkannt bedeutet unter anderem, dass das Reptilienhaus an Zuchtprogrammen zur Erhaltung gefährdeter Arten teilnimmt, der Nachwuchs gelangt aber nicht in Privathände, sondern ausschließlich in andere Zoos.

Heute umfasst das Reptilienhaus 150 Tiere 45 verschiedener Arten, der Schwerpunkt liegt auf Giftschlangen aus Südostasien, Afrika und Amerika wie Gelbe Lanzenotter oder Grüne Mamba. Neben schlangengerecht-vollwertiger Kost, für die pro Monat 150 Ratten und 200 Mäuse von speziellen Zuchtfarmen bezogen werden, ist vor allem die artgerechte Haltung eine Herausforderung. Diese ist aber unbedingte Voraussetzung für eine erfolgreiche Zucht im Artenschutzprogramm. Neben den Basics wie Temperatur und Luftfeuchtigkeit bedeutet das vor allem die Beachtung von regionalspezifischen Jahreszyklen mit Regen- und Trockenzeiten. Zudem sind die meisten Schlangen nachtaktiv. Der Herr über die Schlangen kommentiert augenzwinkernd, dass er nachts für die Tiere und tagsüber für die Besucher da sei.

Eine Besonderheit sind die Mondscheinführungen, die das abgedunkelte Reptilienhaus aus einer völlig anderen Perspektive zeigen.

Neben Schlangen werden die über 40 Terrarien von Pfeilgiftfröschen, Chamäleons, Agamen und einem Leguan bevölkert. Vor allem dieser vollkommen gechillt auf einer Astgabel abhängende Genosse ist der Liebling aller Kinder, jedes Augenrollen wird begeistert kommentiert.

Nur ein Tier hat einen Pelz: Kater Seppi sitzt gern gemütlich auf dem Empfangstresen und begrüßt die Besucher dort mit einem ebenso gechillten Augenrollen wie der Leguan.

Adresse Lüftlmalereck 5, 82487 Oberammergau, Tel. 08822/1477, www.reptilien-haus.de | **Anfahrt** vom Autobahnende A 95 über Oberau nach Oberammergau, an der Abfahrt »Oberammergau Süd« der Ettaler Straße für circa 1.300 Meter folgen, dann links zum Lüftlmalereck | **Öffnungszeiten** April–Okt. täglich 10–18 Uhr, Nov. Sa und So 10–17 Uhr, 25. Dez.–März Mo–Mi, Sa und So 10–17 Uhr | **Tipp** Kurz vor dem Ortseingang Oberammergau befindet sich rechts oberhalb der Straße eine leicht zugängliche Bärenhöhle mit Marienstatue.

89 Die Bäckerei Neuner

Bierstangerl und Jubiläumsbrot mit Ehrenpreis

»Tradition statt Backstation« ist das Motto der Bäckerei Neuner im Herzen von Oberau. Seit 1993 führt Bäckermeister Josef Neuner sein seit 1922 bestehendes Familienunternehmen in der dritten Generation. Dass Josef Neuner mit Leib und Seele Bäcker ist, schmeckt man nicht nur, das sieht man auch. Zum Beispiel an der langen Theke, an der sich Salzstangerl, resche Brezen und verschiedenste Körnersemmeln zu einem wahren Brotzeiteldorado versammeln. Für die ganz Hungrigen schon fertig belegt. Man sieht es aber auch an der großen Urkunde des Bayerischen Staatsehrenpreises als Anerkennung für hervorragenden Geschmack und herausragende Qualität. Grundlage für die Auszeichnung sind die Ergebnisse bei den jährlichen staatlichen Brotprüfungen, fünf Jahre lang muss bei diesen mit fünf verschiedenen Broten die Bewertung »sehr gut« erreicht werden.

Spätestens um zwei Uhr morgens betritt Meister Neuner von Montag bis Samstag zusammen mit Gesellen und Sohn, der einmal die Bäckerei in vierter Generation übernehmen wird, die Backstube. Nur dann sind das ehrenpreisausgezeichnete Jubiläumsbrot und 14 weitere Sorten rechtzeitig zur Ladenöffnung um sechs Uhr morgens fertig gebacken. Zusätzlich zum Brot entstehen Nacht für Nacht gleich 20 verschiedene Sorten von Semmeln. Kornspitz und Bierstangerl sind seine Favoriten, verrät Josef Neuner; es sind auch diejenigen, die am häufigsten von den Kunden verlangt werden.

Am meisten freut sich der Bäckermeister nach all den Jahren noch immer auf die Weihnachtszeit, wenn es an die Herstellung der saftigen Elisenlebkuchen geht. Eine Spezialität des Hauses, die buchstäblich auf der Zunge zu zergehen scheint und nicht nur auf dem Weihnachtsteller, sondern auch als Tourenproviant allererste Wahl ist. Nur eines mag Josef Neuner nicht so gern: Windbeutel backen. Da weiß man einfach nie genau, ob sie so werden, wie man will.

Adresse Hauptstraße 8, 82496 Oberau, Tel. 08824/262 | **Anfahrt** vom Autobahnende A 95 nach Oberau, dort nach der Ampel rechts in die Hauptstraße abbiegen | **Öffnungszeiten** Di, Do, Fr 6–12.15 und 14.15–18 Uhr, Mo und Mi 6–12.15 Uhr, Sa 6–12 Uhr | **Tipp** Ein ungewöhnlicher Knecht stand einst im direkt gegenübergelegenen Daiserhof im Dienst. Viel mehr als für das Vieh interessierte sich der 13-jährige Johann Georg Prändel für Zahlen und die Sterne. Er ging nach München und verstarb dort 1816 im Rang eines Professors der Mathematik und Ehrenmitglieds der Bayerischen Akademie der Wissenschaften.

90 Die Kienbergstraße

Höllenfahrt zwischen Venedig und Augsburg

Im ausgehenden Mittelalter wurde der europäische Fernhandel von Händlerdynastien wie den Fuggern oder den Welsern dominiert, mit Venedig und Augsburg als großen Handelsmetropolen. Die Strecke Augsburg – Innsbruck – Brennerpass – Venedig war eine der wichtigsten europäischen Handelsrouten, auf ihr mussten edle Gewürze, Seide und venezianisches Glas vom fernen Hafen so schnell und sicher wie möglich in den heimischen Handelskontor transportiert werden.

Fast wäre diese Straße auch schnell und sicher gewesen – hätte nicht zwischen Oberau und Ettal der Kienberg gelegen. Er war der meistgefürchtete Streckenabschnitt der gesamten 600 Kilometer. Sein Zustand muss derart miserabel gewesen sein, dass in alten Reiseberichten von »Höllenfahrten« über den Kienberg berichtet wird. Auf einer Länge von nur einem Kilometer überwand die – natürlich ungepflasterte – Straße einen Höhenunterschied von 200 Metern, was einer Steigung von 20 Prozent entspricht. Zum Vergleich: Ein moderner Pkw bewältigt maximal Steigungen von etwa 25 Prozent, heutige Straßen sind selten steiler als zwölf Prozent. Schwer beladene Fuhrwerke konnten also die Kienbergstraße aus eigener Kraft kaum befahren. Oberauer Bauern erkannten darin eine Marktlücke und boten einen Vorspanndienst an, um die schwer beladenen Wagen hinaufzuziehen. Der noch heute deutlich erkennbare Vorspannplatz befand sich hinter der Brücke über den Mauergraben.

Mit zunehmendem Verkehrsaufkommen aber war die steile Kienbergstraße infrastrukturell nicht mehr tragbar. Im Jahre 1889 wurde nach zwei Jahren Bauzeit die Neue Ettaler Bergstraße eröffnet. Die alte Straße verlor damit auf einen Schlag ihre Bedeutung und die Oberauer Bauern einen lukrativen Nebenverdienst. Geblieben ist ein einsames Bergsträßchen, das heute liebevoll zu einem historischen Lehrpfad ausgebaut ist. Er führt in acht Stationen zum Ettaler Sattel hinauf.

Adresse Alte Ettaler Straße, 82496 Oberau | **Anfahrt** vom Autobahnende A 95 nach Oberau, dort rechts nach Ettal abbiegen, nach circa 800 Metern links in die Alte Ettaler Straße, am Straßenende beginnt der Kienbergweg | **Tipp** Direkt an der ersten Station des historischen Lehrpfads befindet sich ein übersichtlicher Lageplan, auf dem ein eineinhalbstündiger Rundweg ausgewiesen ist.

91_Die Südkaverne Oberau

Trinkwasser für die bayerische Landeshauptstadt

»Was ist hinter den grauen Toren?«, ist eine Frage, die sich nicht nur Generationen von Kindern auf dem Weg zum Wochenendausflug in das Werdenfelser Land gefragt haben. Dabei ist die Auflösung im wasserreichen Loisachtal eigentlich ganz naheliegend.

Nach ersten Planungen in den 1950er Jahren ging 1983 die Wassergewinnungsanlage Oberau in Betrieb. Der Komplex umfasst fünf Tiefbrunnen im Loisachtal sowie den Vestbühlstollen, der bei Eschenlohe in die Trinkwasserleitung Richtung München übergeht. Herzstück der Anlage ist die Südkaverne Oberau, die sich direkt an der B 2 hinter jenen geheimnisvollen grauen Stahltoren befindet. Auf 200 Meter Länge führt der Kavernenstollen in den Berg hinein; anschließend an verschiedene Mess- und Wartungseinrichtungen befinden sich zwei Sammelbecken, in denen das Brunnenwasser aus dem Loisachgrund zusammenfließt. In den Becken beschreibt das Wasser einen Wirbel, damit sich mögliche Sedimentanteile ablagern, und gelangt dann in den Rohrstollen zur Nordkaverne nach Eschenlohe.

Erst hier wird das Wasser in die 65 Kilometer lange Fernleitung zum Münchner Wasserwerk im Forstenrieder Park bei Baierbrunn eingespeist. Der Druck in den Brunnen ist mit etwa 1.000 Liter pro Sekunde so hoch, dass er auf 670 Liter pro Sekunde heruntergeregelt werden muss. Welche Wassermenge gefördert wird, regelt die Münchner Leitstelle entsprechend der Nachfrage. Bei weniger Wasserbedarf steigt der Pegel in den Becken, dann ist es auch besonders stimmungsvoll, hineinzublicken und dem türkisgrünen Wasser bei seinem unendlichen Tanz zuzusehen.

In einer zweistündigen Führung erklären die Betriebsleiter der Südkaverne Oberau kenntnisreich den Ablauf der Wassergewinnung für die bayerische Landeshauptstadt München im Werdenfelser Land. Neben der Südkaverne werden auch die Loisachtaler Quellen sowie der Betriebshof Oberau besucht.

Adresse an der B 2, 82496 Oberau | **Anfahrt** A 95 Autobahnende Eschenlohe, nach 1,7 Kilometern befindet sich rechts ein Parkplatz, hinter dem die Südkaverne liegt | **Öffnungszeiten** Besichtigung im Rahmen einer Führung durch die Stadtwerke München nach Vereinbarung für Gruppen ab zehn Personen, Tel. 089/23616343 | **Tipp** Bei schönem Wetter kann man an den Felsen neben der Südkaverne Kletterer beobachten, die sich im »Henga Stoa« genannten Klettergarten an Routen in den Schwierigkeitsgraden IV bis X versuchen. Oder man probiert es selbst einmal.

92 Beim Oberloi

Wohin der Jäger von Fall vor den Wilderern floh

Kaum ein anderer Name steht so für den deutschen Heimatfilm wie »Der Jäger von Fall«, der als Filmadaption des gleichnamigen Romans von Ludwig Ganghofer zu den erfolgreichsten deutschen Filmproduktionen in der Zeit des deutschen Wirtschaftswunders gehört. Ganghofer hatte schon zu Lebzeiten den Ruf des »Heile-Welt«-Schreibers. Seine Geschichten handeln romantisierend stilisiert von den sogenannten einfachen Leuten, »Der Jäger von Fall« war 1883 sein Durchbruch als Schriftsteller. Es ist die klassische Geschichte einer Sennerin, die sich zwischen dem schneidigen, aber untreuen Wilderer und dem braven Jäger entscheiden muss.

Als Vorlage diente Ganghofer das Leben des bekannten Jägers Franz Hohenrainer aus dem Dorf Fall: ehrenhaft, seinem Dienstherrn gegenüber loyal und stets im Konflikt mit Wilderern. Denen war der königliche Jäger ein Dorn im Auge, zu eifrig versah er seine Pflicht. Dreimal in seiner 50-jährigen Dienstzeit wurde er angeschossen, und als Hohenrainer 1870 einen Wilderer in Notwehr erschoss, musste er mit seiner Familie aus Angst vor Repressalien Fall eiligst verlassen. Zuflucht fanden die Hohenrainers in Ohlstadt, woher Ehefrau Agathe, geborene Polzmacher, stammte. Sie bezogen das Haus im Rauheckweg mit dem damaligen Hausnamen »Zum Polzmacher«, dessen heutiger Hausname »Oberloi« lautet. Ob es sich bei Agathe um das Marei aus Ganghofers Roman handelt, ist leider nicht bekannt.

Dass der Jäger von Fall seinen Lebensabend nicht in diesem Haus verbringen konnte, liegt wiederum an der Wilderei – in noch tragischerem Kontext. Nachdem sein eigener Sohn Gregor 1904 zum zweiten Mal beim Wildern erwischt wurde, musste dieser das Anwesen verkaufen, wanderte nach Amerika aus und ließ seine Eltern in einem armseligen Austragshäusl zurück. 1921 starb der Jäger von Fall nach einem bewegten, 91-jährigen Leben.

Adresse Rauheckweg 1, 82441 Ohlstadt | **Anfahrt** A 95 Ausfahrt Murnau / Kochel, Richtung Murnau, nach 3,5 Kilometern links nach Ohlstadt abbiegen; dort links in die Hauptstraße und nach circa 330 Metern rechts in den Rauhkopfweg | **Öffnungszeiten** nur von außen zu besichtigen | **Tipp** Die schmucke Ohlstadter Dorfkirche St. Laurentius gehört zu den ältesten Kirchen im Landkreis, bereits 1085 wird der Vorgängerbau als »die St. Lorenzenkirche ze Owelstat« erwähnt (Hauptstraße 13).

93__Die Boschetkapelle

Bei der Schwarzen Madonna

Die kleine Boschetkapelle liegt in einem sanften Wiesengrund, eingebettet zwischen Estergebirge im Osten und Murnauer Moos im Westen. Eine friedliche Idylle – vielleicht haben die Ohlstadter genau deshalb diesen Platz für das kleine Gotteshaus gewählt.

Es war die Zeit des Dreißigjährigen Kriegs (1618–1648). Die Heere waren ständig in Bewegung, fielen in immer neue Gebiete ein und fraßen sie buchstäblich kahl. Was sie nicht aufessen oder mitnehmen konnten, zerstörten sie, danach zogen sie weiter. 1632 hatte sich der Kriegsschauplatz nach Südbayern verlagert: Im Mai war München gefallen, im Juni das schwedische Heer bis ins Oberland vorgedrungen, hatte Kloster Ettal verwüstet und dort sogar zwei Mönche erschlagen. Doch wie durch ein Wunder war Ohlstadt verschont geblieben. Aus Dankbarkeit errichteten die Dörfler um 1640 im Boschet eine Kapelle zu Ehren des Heilands in der Ruh, an den sie sich in ihrer Not gewandt hatten.

Im Jahre 1847 rettete der Heiland Ohlstadt erneut vor einer Katastrophe. Als auf der Wankalm der Milzbrand ausbrach, gelobten die Bauern, alljährlich zum Fest der Kreuzerhöhung am 14. September einen Bittgang zur Boschetkapelle zu unternehmen, worauf die Seuche verlosch.

Eine besondere Schenkung machte die Kapelle schließlich zu einem Kleinod: 1970 gelangte aus Privatbesitz eine Schwarze Madonna in das Gotteshaus. Die kleine Statue befindet sich rechts neben dem Altar und ist auch durch das Fenster an der Tür zu sehen, wenn die Kapelle verschlossen ist.

Die Verehrung der dunklen Mariendarstellungen reicht bis weit ins Mittelalter zurück. Schwarze Madonnen werden wie in Altötting oder dem Schweizer Kloster Einsiedeln oft besonders innig verehrt, ihre Anbetungsorte sind häufig von mystischen Legenden umrankt. Wie diese berühmten Kirchen ist auch die Boschetkapelle inspirierend für Gebet und Meditation.

Adresse 82441 Ohlstadt | **Anfahrt** A 95 Ausfahrt Murnau/Kochel, Richtung Murnau, nach 3,5 Kilometern links nach Ohlstadt abbiegen, dort rechts in die Badstraße, nach 500 Metern rechts in die Boschetstraße und dieser bis zum Sportplatz folgen, direkt hinter dem Sportplatze führt ein Wiesenweg rechts zur Boschetkapelle | **Öffnungszeiten** nur von außen zu besichtigen | **Tipp** Durch das Boschet führt ein knapp vier Kilometer langer Erlebnispfad, auf dem genau erklärt wird, wie diese natürlich bewirtschaftete Weidefläche entstand und welche Vogelarten hier beheimatet sind.

94 Das Pumucklmuseum

Spuk in der Ohlstadter Schreinerwerkstatt

Über 50 Jahre ist es inzwischen her, dass ein kleiner Kobold Einzug in bayerische Kinderzimmer gehalten hat: Am 21. Februar 1962 wurde vom Bayerischen Rundfunk die erste von 90 Folgen der Hörspielreihe um Meister Eder und seinen Pumuckl mit dem bezeichnenden Titel »Spuk in der Werkstatt« ausgestrahlt. Es ist die Geschichte vom Kobold Pumuckl, der in der Werkstatt des Schreinermeisters Eder an einem Leimtopf festklebt, sichtbar wird und entsprechend geltendem Koboldsgesetz bei seinem Entdecker bleibt. Ab 1965 erschienen die Geschichten auch als Bücher, 1969 auf Schallplatten, und ab 1982 wurde der kleine Plagegeist durch die Fernsehserie »Meister Eder und sein Pumuckl« endgültig einem Millionenpublikum bekannt. Pumuckl-Fanclubs wurden gegründet, es lief eine schier unüberschaubare Pumuckl-Merchandising-Welle an, und als Höhepunkt öffnete am 15. Oktober 2005 das Pumucklmuseum in Ohlstadt im Beisein der Pumuckl-Erfinderin Ellis Kaut. Besser hätte es der Kobold nicht treffen können: Sein Museum befindet sich in einer echten Schreinerwerkstatt.

Die von Schreinermeister Armin Krattenmacher zusammengetragene Ausstellung ist eine echte Skurrilität. Sortiert gemäß einem koboldhaften Ordnungssystem, stapeln sich vor und über einer Hobelbank kunterbunte Pumuckl-Figuren in groß und klein, Devotionalien zu den Schauspielern aus den Fernsehfilmen und die berühmte Schiffschaukel. Eine Leseecke lädt zum Verweilen ein.

2010 wäre es beinahe aus gewesen mit dem einzigartigen Museum, die frühere Pumuckl-Zeichnerin Barbara von Johnson zog ihre zunächst erteilte Zustimmung zurück und klagte gegen das Pumucklmuseum. Fast wie im richtigen Leben wurde der Kobold mit einem Male unsichtbar. Zwei Jahre später die überraschende Wende, die Zeichnerin widerrief ihren Widerruf, der Kobold durfte wieder sichtbar werden und spukt wieder in der Schreinerwerkstatt zu Ohlstadt.

Adresse Bartlmämühle, 82441 Ohlstadt | **Anfahrt** A 95 Ausfahrt Murnau / Kochel, Richtung Murnau, nach 3,5 Kilometern links nach Ohlstadt abbiegen, nach der Ortsdurchfahrt einen Bahnübergang überqueren und die nächste Einfahrt links | **Öffnungszeiten** Mo–Fr 9–12 und 13–18 Uhr, Sa 9–12 Uhr | **Tipp** Nur 150 Meter Luftlinie entfernt befindet sich die Ohlstädter Loisachbrücke der A 95, die mit 1.315 Metern die längste Brücke Bayerns ist.

95_Die Teufelssäule

Mit Marias Hilfe gegen den Teufel unter der Linde

An einem sonnigen Tag wirkt der Wiesengrund Bichlrain nördlich von Ohlstadt freundlich und einladend. Doch an ebendieser Stelle widerfuhr im Jahre 1686 Pater Alipius Miller aus dem Kloster Schlehdorf direkt zur Mittagszeit eine finstere Begegnung. Vom Ohlstädter Mesner gerufen, eilte Pater Miller in das kleine Bauerndorf, um einem Sterbenden beizustehen, aber kurz vor der Ortsgrenze geschah es: Urplötzlich umhüllte schwarzer Nebel den frommen Mann, und aus der Dunkelheit tretend stellte sich ihm eine Gestalt in einem feuerroten Mantel in den Weg – der Teufel daselbst. In seiner Not flehte der Pater die Heilige Jungfrau Maria um Hilfe an und gelobte, ihr zum Dank eine Gedenksäule errichten zu wollen.

Maria half. Die Dunkelheit floh, Pater Miller erreichte den Sterbenden rechtzeitig für die Letzte Ölung und ließ an der Stelle der dunklen Geschehnisse eine knapp drei Meter hohe Dankessäule aus rotem Marmor aufstellen. Ursprünglich waren in den Sockel vier Tafeln eingelassen, eine für jede Himmelrichtung. Den Süden zierte das Wort »Himmel«, den Westen »Gericht«, den Osten »Tod« und den Norden »Hölle«. Die Tafeln sind seit der Generalsanierung im Jahre 1888 verloren, erhalten sind dagegen die rundum gepflanzten Linden. Sie gelten als typische Marienpflanzen; durch diese Umfriedung wirkt der Ort ein bisschen wie ein typischer Hortus conclusus, der auf vielen Bildern dargestellte Mariengarten.

Eine der Linden tanzt aus der Reihe. Ihr mächtiger Stamm ist innen hohl, sie ist größer und scheint viel älter zu sein als die anderen. Handelt es sich bei der nordwestlichsten Linde vielleicht um ein uraltes Baumheiligtum, das von den Einheimischen noch immer besucht wurde und dem Pater Miller in einer publikumswirksamen Großaktion buchstäblich den Teufel austrieb? Wir wissen es nicht, aber es ist durchaus im Bereich des Möglichen.

Adresse Fieberkirchweg, 82441 Ohlstadt | **Anfahrt** A 95 Ausfahrt Murnau/Kochel, Richtung Murnau, nach 3,5 Kilometern links nach Ohlstadt abbiegen; dort die zweite Straße links (Fieberkirchweg) bis zum Fieberkircherl, der Straße von hier zu Fuß über eine Brücke für circa 300 Meter folgen | **Tipp** Direkt am Ortsrand von Ohlstadt steht in unmittelbarer Nähe der Teufelssäule das kleine Fieberkircherl. Es wurde 1634 als Gelübde gegen die von schwedischen Soldaten eingeschleppte Pest errichtet, rundum befand sich einst der Pestfriedhof, auf dem 114 von 450 Ohlstädtern begraben werden mussten.

96 Die Veste Schaumburg

Raubritter, Räuberbanden und ein Burggeist

Schon der Name der Grafschaft Werdenfels – »Wehr den Fels« – lässt vermuten, dass es sich trotz aller Postkartenidylle einst um keinen allzu friedlichen Landstrich gehandelt hat. Auch wenn Ohlstadt außerhalb der ursprünglichen Grafschaft liegt, ist die Geschichte der Veste Schaumburg eng mit Werdenfels und den Freisinger Bischöfen verbunden.

Die erste Befestigung auf dem kleinen Illing wurde bereits im 5. Jahrhundert vom germanischen Stamm der Skyren als Holzburg mit der Bezeichnung Castum Skoyenbrug erbaut, 600 Jahre später errichten die Grafen zu Ohlstadt dort eine trutzige Wehrburg. Um das Jahr 1300 fällt diese an das Hochstift Freising, das sie als Lehen an die Herren von Camer verleiht. Doch Gebhard von Camer wird des angeblichen Raubrittertums angeklagt, die Schaumburg wird belagert, zerstört und Gebhard gefangen genommen. Die Ruine steht verlassen da – bis sich ein gewisser Schneeberger mit seiner Räuberbande darin häuslich einrichtet. Nun sind Kaufleute und Reisende wirklich in Gefahr, glücklicherweise kann der ganze Haufen bald festgenommen und in Murnau hingerichtet werden. Noch einmal wird die Schaumburg aufgebaut, doch die Zeit der Burgen ist vorüber, die Anlage verfällt. Seit Ende des 19. Jahrhunderts sind nur noch die in den Fels gehauene Burgtreppe und drei Höhlen, ehemalige Burgkeller, vorhanden.

Diese Keller aber haben es in sich. Der Sage nach soll in einem ein Burggeist hausen, der vorübergehenden Holzern weissagt, ob sie den Tag überleben oder ob es für sie der letzte sein wird. Als der Wilderer Gamsanderl dort einen Schatz bergen wollte, sei er, so die Sage weiter, dem Burggeist begegnet und am nächsten Tag in den Tod gestürzt. In die Schaumburghöhlen kann heute niemand mehr stürzen, die gut erkennbaren Schächte sind deutlich mit Absperrungen markiert, ein Blick von oben hinein ist auch für gut festgehaltene Kinder gefahrlos zu wagen.

Adresse Kleiner Illing, 82441 Ohlstadt | **Anfahrt** A 95 Ausfahrt Murnau/Kochel, Richtung Murnau, nach 3,5 Kilometern links nach Ohlstadt abbiegen; dort links in die Hauptstraße, auf der Heimgartenstraße bis zum Parkplatz am Ortsrand; der Forststraße folgen, nach circa 320 Metern rechts auf Fußweg abbiegen, nach 200 Metern noch mal rechts, nach 150 Metern in den Steig zur Schaumburg abzweigen | **Öffnungszeiten** immer frei zugänglich | **Tipp** Unterhalb der Veste Schaumburg befinden sich die Kaltwasserfälle der Kaltwasserlaine, die im Sommer zum erfrischenden Bad in mehreren Gumpen einladen.

97_Der Gasthof Herzogin Anna

Einkehr im ältesten Gestüt Bayerns

Sicherlich umfasste das im Jahr 955 erstmalig urkundlich erwähnte einzelne Gehöft auf der Wiese – der Schwaig-Anger – neben weitläufigen Stallungen auch einen weitläufigen Küchenbereich. Was die Spezialität der Küche war, ist zwar nicht mehr bekannt, der Stolz der Stallungen aber war bereits damals die Pferdezucht.

500 Jahre nach seiner Gründung wurde das Gut Schwaiganger an das Kloster Schlehdorf verkauft, später gelangte es in den Besitz des Hauses Wittelsbach. In diese Epoche fällt auch die Blütezeit des Gestüts als Wohnsitz der skandalumwitterten Herzoginwitwe Anna. Geboren als Pfälzer Gräfin, heiratete Anna Maria in jungen Jahren den bayerischen Erbprinzen Clemens Franz de Paula von Bayern. Leider blieb die glückliche Ehe kinderlos. Keine der fünf Töchter überlebte den Tag ihrer Geburt, Clemens Franz starb viel zu früh, und die Witwe sollte auf das politische Abstellgleis abgeschoben werden. Doch Anna war eine kluge, selbstbestimmte Frau, die nicht zu Unrecht beim Volk als »Patrona Bavariae« und »Soldatenmutter« verehrt wurde. Ihr Einsatz für eine bessere Versorgung des Heeres, wie etwa die Beschaffung adäquater Winterbekleidung, rettete vermutlich Tausende Leben.

Die Namensgebung des Gasthofs in dem traditionsreichen Gestüt war eine Hommage an das segensreiche Wirken der Herzogin. Ihr Konterfei ziert übrigens die Sonnenuhr am Hauptgebäude von Schwaiganger. Tatsächlich meint man sich im gemütlich-gediegenen Ambiente des Landgasthofs ein bisschen in die gute alte Zeit zurückversetzt. Ob man die regionalen Schmankerl wie Schweinsbraten mit Krusterl oder Saibling in Zitronenbutter in der Gaststube oder lieber auf der Sonnenterrasse mit Blick auf das Dressurviereck des Gestüts genießt, ist eine Frage der Tageszeit. Nur an heißen Sommertagen gibt es keine Wahl – der schönste Ort ist dann eindeutig im schattigen Biergarten.

Adresse Schwaiganger 1, 82441 Ohlstadt-Schwaiganger, Tel. 08841/626430, www.herzogin-anna.de | **Anfahrt** A 95 Ausfahrt Murnau / Kochel, Richtung Murnau; nach circa drei Kilometern links nach Schwaiganger | **Öffnungszeiten** Di – So ab 11 Uhr, durchgehend warme Küche | **Tipp** Von Mai bis Oktober finden immer Di, Mi und Do (außer an Feiertagen) um 13.30 und um 15.30 Uhr Führungen durch das Bayerische Haupt- und Landesgestüt Schwaiganger statt. Treffpunkt ist am Brunnen vor dem Hauptgebäude.

98 St. Generosus

Heilig oder nicht heilig, das ist hier die Frage

Entsprechend dem aktuellen »Matyrologium Romanum« zählt die katholische Kirche 6.650 anerkannte Heilige und Selige sowie 7.400 Märtyrer. Auch ein Generosus ist dort verzeichnet, dessen Gebeine im 17. Jahrhundert von Rom in das Kloster Edelstetten bei Kulmbach überführt wurden. Der Riegseer Generosus ist allerdings nicht gelistet. Was hat es also nun mit diesem Heiligen auf sich?

Etwa 200 Jahre in der Heiligen-Karriere des Riegseer Generosus (»der Großzügige«) waren besonders glanzvoll. Nach der Entnahme seines Skeletts aus der römischen Calixtus-Katakombe wurde er 1749 von einem Riegseer Bauernsohn in sein Heimatdorf verbracht, mit Brokat eingekleidet und kostbar geschmückt. So angetan, fand der Römer als Ganzkörperreliquie seine öffentliche Ruhe im rechten Seitenaltar der Riegseer Pfarrkirche St. Stephan. St. Generosus wurde fortan um großzügige Unterstützung aller Art angerufen. Erst im 20. Jahrhundert nahm seine Verehrung ab.

Als bei einer groß angelegten Renovierung der Riegseer Kirche 1965 der Seitenaltar verkleinert wurde, landete Generosus samt gläsernem Sarkophag ganz unprätentiös in der Abstellkammer des Glockenturms. Hier geriet der einst beliebte Heilige vollständig in Vergessenheit – bis ihn die ehemalige Lehrerin Roswitha Krüger zufällig entdeckte, als sie einen Kirchenführer schrieb. Die Jahre im Verborgenen waren Generosus schlecht bekommen, Schimmel und Schadinsekten hatten ihre Spuren hinterlassen.

Dank des großen Engagements der Entdeckerin konnte Generosus 2009 seine neue Liegestatt rechts vom Hauptaltar beziehen. Aufwendig restauriert blickt er von dort seine Besucher aus irgendwie verstörenden Türkis-Augen an, über den Mund scheint durch die großen Perlengehänge fast so etwas wie ein verzerrtes Grinsen gebreitet. Vielleicht amüsiert sich Generosus ja darüber, dass er immer noch als Heiliger gilt, obwohl es für sein Märtyrertum gar keine Belege gibt.

Adresse St. Stephan, Am Kirchplatz 4, 82418 Riegsee | **Anfahrt** von der A 95 Ausfahrt Sindelsdorf Richtung Habach, nach circa vier Kilometern links auf die St. 2038 Richtung Murnau, nach 3,8 Kilometern rechts, bis zur Ortsmitte Riegsee | **Öffnungszeiten** tagsüber immer (während der Gottesdienste keine Besichtigung) | **Tipp** Vom Ort Riegsee aus führt rund um den Riegsee eine gut ausgeschilderte, etwa zweieinhalbstündige Rundwanderung für die ganze Familie. Badesachen nicht vergessen!

99 Die Aidlinger Höhe

Saturnheiligtum, mittelalterliche Burg und HJ-Lager

Die Aidlinger Höhe hat viele (Un-)Kulturen kommen und gehen sehen. Geblieben ist ein malerischer Höhenzug mit unvergleichlichem Panoramablick über die ganze bayerische Alpenkette.

Einer lokalen Überlieferung nach soll sich auf der weithin sichtbaren Anhöhe einst ein Saturnheiligtum befunden haben, in dem der römische Gott der Aussaat verehrt wurde. Die Römer hatten den Ort für ihren Kultplatz sicher nicht zufällig gewählt, vermutlich hatte an gleicher Stelle schon die einheimische Bevölkerung ihren Göttern gehuldigt. Ein Indiz, dass sich dort tatsächlich ein vorchristliches Heiligtum befunden hat, ist der Bildstock zu Ehren des heiligen Georg ganz in der Nähe. Als Drachentöter steht Georg ähnlich dem Erzengel Michael für den Triumph des Christentums über die alte Religion, die vom Drachen repräsentiert wird. Einst wurden an dem Bildstock Gottesdienste gefeiert, auch gab es einen Friedhof.

Um das Jahr 1250 war von römischen, keltischen oder gar etruskischen Göttern keine Spur mehr. Nur noch von Hexen sprach man hinter vorgehaltener Hand, die von der Aidlinger Höhe aus ins Land ausfahren würden. Die Grafen von Eschenlohe störte das offensichtlich wenig, die gute Aussicht auf die Salzstraße von Habach nach Murnau war ihnen wichtiger als solche Geschichten. Etwas zurückgesetzt hinter der Geländekante errichteten sie die Burg Lichtenegg, möglicherweise befand sich am südlichen Sonnenhang sogar ein gräflicher Weinberg. Doch die Burg war nicht für die Ewigkeit gebaut, schon 250 Jahre später berichten Chronisten von einem verfallenen Burgstall. Noch heute erinnern Erdwälle im Wald an die abgegangene Festung, es gibt zahlreiche Glas- und Keramik-Funde.

Noch weniger für die Ewigkeit war glücklicherweise das Zeitalter der Nationalsozialisten, als die Aidlinger Höhe 1934 Schauplatz eines Großzeltlagers der Hitlerjugend mit 6.000 Teilnehmern war.

Adresse Lichteneggstraße, 82418 Riegsee-Aidling | **Anfahrt** von der A 95 Ausfahrt Sindelsdorf Richtung Habach, nach 600 Metern links, vorbei am Forsthaus Höhlmühle und gleich danach rechts nach Aidling, rechts in die Dorfstraße und gleich wieder links in die Lichteneggstraße, an ihrem Ende führt ein Feldweg am Waldrand entlang über den Höhenrücken, der Burgstall befindet sich hinter dem Drehkreuz | **Tipp** Hausgemachte Windbeutel mit verschiedensten, ausgefallenen Füllungen sind eine Spezialität im Forsthaus Höhlmühle (Tel. 08841/9620, www.forsthaus-hoehlmuehle.de) an der alten Salzstraße zwischen Aidling und Habach.

100_Das Marterl

Tödliches Ende einer königlichen Mission

Das Ammergebirge im Osten der Grafschaft Werdenfels scheint das Lieblingsrevier Ludwigs II. gewesen zu sein. Und das, obwohl Ludwig die Jagd als Selbstzweck, der seinerzeit praktisch der gesamte Adel frönte, vollkommen ablehnte.

Die vielen Jagdhäuser, die ihm sein Vater Maximilian II. hinterlassen hatte, nutzte der »Kini« aber durchaus – als weit von der Landehauptstadt München entfernte Wald- und Bergrefugien. Im Ammergebirge konnte er auf ein dichtes Netz von Jagdhäusern zurückgreifen, das es dem romantisch veranlagten König erlaubte, nachts bei Mondschein von Hütte zu Hütte zu wandern.

Tief im Bergwald südlich von Saulgrub versteckt, stand das von Ludwig immer wieder gern besuchte Jagdhaus Hubertus auf einer Lichtung, die den uralten Flurnamen »Zum Wilden Jäger« trägt. Das Jagdhaus war von zwei Richtungen her zugänglich: zum einen vom Forsthaus Unternogg, zum anderen vom Pürschling über Unterammergau. Von dort war Ludwig auch mit seinem Hofstab an einem Schlechtwettertag des Jahres 1885 aufgebrochen, um im Forsthaus Hubertus eine Italienische Nacht zu feiern. Ein Gewitter vereitelte das Vorhaben. Allen Wettern zum Trotz sollte noch an diesem Tag eine königliche Depesche nach München übersandt werden. Kurier war ein Leonhard Gindhard aus dem nahen Wurmansau. So schlecht das Wetter auch war, niemand ahnte, wie reißend die kleine Halbammer, an der entlang der Weg hinaus zum Forsthaus Unternogg führt, werden konnte. Ausgerechnet an der Ewigkeitsbrücke ereilte den Boten sein Schicksal: Mitsamt seinem Pferd wurde er von den Fluten mitgerissen und ertrank. Ein liebevoll gepflegtes Marterl erinnert noch heute an das Unglück in Diensten des Königs.

Nach dem Tode Ludwigs wurde das königliche Jagdhaus abgerissen, 1903 errichtete ein Oberammergauer Holzer auf dem Fundament eine dem Jagdpatron Hubertus geweihte Kapelle.

Adresse Halbammertal, 82442 Saulgrub-Altenau | **Anfahrt** von der A 95 Ausfahrt Murnau/Kochel über Murnau nach Saulgrub, weiter nach Altenau, auf der Königsstraße nach Unternogg, 350 Meter nach dem Forsthaus Unternogg Parkplatz an der Halbammerbrücke; zu Fuß auf der Forststraße ins Halbammertal, Marterl nach zwei Kilometern an der Ewigkeitsbrücke, bis zur Hubertuskapelle sind es nochmals knapp drei Kilometer | **Tipp** Wer beim urigen Altenbauer Dorfwirt einkehrt, kann währenddessen kostenlos sein Elektroauto oder E-Bike aufladen (Obere Dorfstraße 19, www.ein-dorf-wird-wirt.de)!

101 Das Wasserkraftwerk

Das älteste Bahnkraftwerk der Welt

Der Beginn war schwierig. Nachdem die Actiengesellschaft Elektrizitätswerke aus Dresden den Auftrag zum Bau einer 24 Kilometer langen, elektrisch betriebenen Eisenbahnstrecke zwischen Murnau und Oberammergau erhalten hatte, errichtete sie zur Versorgung der Strecke das Wasserkraftwerk Kammerl an der Ammer. 1899 war das Projekt fertiggestellt, doch aufgrund technischer Probleme musste die Regionalbahn ihren Betrieb mit Dampfloks aufnehmen. Das Wasserkraftwerk wurde stattdessen zur Stromversorgung der umliegenden Gemeinden genutzt, 1904 wurden 1.664 Glühlampen zu je 30 Mark (inklusive Stromverbrauch) verkauft.

Der denkmalgeschützte Komplex umfasst neben Maschinenhalle, Wohnhaus und Waschhaus auch ein ehemaliges Wasserschloss südlich der Maschinenhalle, zu dem ein ebenfalls unter Denkmalschutz stehender Kanal führt.

Nach dem Konkurs der Betreiberfirma übernahm die Lokalbahn Aktien-Gesellschaft München, abgekürzt LAG, die Strecke samt Kraftwerk, ersetzte dessen Generatoren und installierte Schwundräder an den Turbinen – ein voller Erfolg. Am 24. Januar 1905 konnte der Betrieb der neuen Ammergaubahn als weltweit erste durch Einphasenwechselstrom elektrifizierte Bahnstrecke aufgenommen werden. Es war ein Meilenstein in der Entwicklung umweltfreundlicher Mobilität und bis zu seiner Stilllegung 2013 das älteste Bahnkraftwerk der Welt. Das kleine Wasserkraftwerk überdauerte Zeiten und Bahnbetreiber von der LAG über Reichsbahn und Deutsche Bundesbahn bis hin zur Bahn AG heute. Bei der Bahn AG galt Kammerl als die effektivste und rentabelste Anlage im gesamten Netz. Für die seit 2013 projektierte Sanierung des Wasserkraftwerks durch den Betreiber wurde dennoch nur mehr das flussabwärts gelegene Kanalaquädukt mit einbezogen. Neben der durchaus noch funktionsfähigen, aber trockengelegten Maschinenhalle entstand ein völlig neues Kraftwerk.

Adresse Kammerl 1/2, 82442 Saulgrub-Kammerl | **Anfahrt** von der A 95 Ausfahrt Murnau/Kochel über Murnau nach Saulgrub, vor dem Bahnübergang rechts in die Achelestraße und dieser für circa drei Kilometer bis zum Parkplatz am Kraftwerk folgen | **Öffnungszeiten** Kanal und Maschinenhalle von außen; meist ist das Kraftwerk am Tag des offenen Denkmals (zweiter So im Sept.) geöffnet | **Tipp** In der Kapelle des nahe gelegenen Weilers Achele befinden sich figürliche Darstellungen aller 14 Nothelfer von Achatius bis Vitus, ein seltenes Ensemble (Kapelle zu den Vierzehn Nothelfern, Acheleschwaig).

102 Die Glashütte Fuchsloch

Kapellenfenster aus besonderem Glas

Es war im Jahre 1731, als sich ein gewisser Hans Georg Tritschler aus Mindelheim als Pächter des Klosters Ettal im damaligen Aschau niederließ, um im »Gebürg zu Kohlgrub« eine Glashütte nebst Wohnhaus und Holzerhütten zu errichten. Sein Sohn sollte wenige Jahre später die Murnauer Hinterglasmalerei begründen.

Wohl erst im Zuge der Nutzung des Ortes durch die Glashütte kam der schöne, noch heute gebräuchliche Flurname auf: Fuchsloch am Glasberge. Ein Name, der sicherlich nicht von ungefähr kommt, der Autorin lief dort bisher jedes Mal ein Fuchs über den Weg! Der Standort war scheinbar ideal, neben dem dringend und in großer Menge benötigten Holz als Heizmaterial und als Asche für die Glasproduktion selbst war hier Quarzsand verfügbar. Allerdings übertrieb es die Glashütte offenbar mit dem Bäumefällen, 1838 beschlossen die Nachbarn, gegen den Holzraub durch die Hütte in den Wäldern notfalls »einzurucken und scharf zu werden«.

Aufgrund von Hochwasserschäden wurde die Glasfertigung bereits 1785 vom hinteren Fuchsloch an das Ende der heutigen Birkenallee in Grafenaschau verlegt und am ursprünglichen Standort eine Kapelle errichtet, deren Nachfolgebau noch immer existiert.

Bis zur Säkularisation mussten jährlich 2.000 Fensterscheiben als Pachtzins an das Kloster geliefert werden, auch danach wurden die Zeiten nicht leichter. Ein Großbrand und die Überführung des Betriebs in Privatbesitz hatten ein finanzielles Desaster verursacht. 1890 stellte die Glashütte endgültig ihren Betrieb ein. Neben den Fensterscheiben wurden in der Aschauer Glashütte vor allem Wein- und Tintengläser, Öllämpchen und farbige Glaskugeln für die Heiligen Gräber hergestellt.

Wie herrlich das Aschauer Glas noch nach Jahrhunderten in Grün, Gelb oder Rot leuchtet, ist an den kunstvollen Fenstern des Kapellchens im Fuchsloch zu sehen. Sie bestehen aus dem Glas der alten Glashütte.

Adresse Fuchsloch, 82445 Schwaigen-Grafenaschau | **Anfahrt** von der A95 Ausfahrt Murnau/Kochel nach Murnau und weiter bis zur Abzweigung Grafenaschau, kurz vor dem Ortsende rechts in die Birkenallee, zu Fuß in einem weiten Linksbogen in 800 Metern zum Fuchsloch | **Öffnungszeiten** nur von außen zu besichtigen | **Tipp** Das 100 Meter von der Kapelle im Fuchsloch entfernte Wohnhaus stammt im Kern noch aus dem 17. Jahrhundert und ist das älteste Zeugnis der Glashütte am Fuchsloch.

103 Die Auerochseninsel

Auerochsen, erschlagene Mönche und viele Hochzeiten

Mit sieben baumbestandenen Inseln ist der Staffelsee unbestritten der inselreichste See Oberbayerns. Seine größte Insel Wörth kann auf eine besonders turbulente Geschichte zurückblicken.

Auf den Überresten einer römischen Siedlung entstand auf Wörth Mitte des 8. Jahrhunderts ein reiches Kloster, das möglicherweise sogar ein eigenes Bistum unter dem späteren Augsburger Bischof Simpert war. Doch die ruhmreiche Zeit endete abrupt: Ungarische Horden brannten das Kloster nieder und erschlugen alle Mönche. Zumindest die Kirche wurde wieder aufgebaut, von keinem Geringeren als dem heiligen Ulrich um das Jahr 960 eingeweiht und blieb über Jahrhunderte hinweg als Pfarrkirche für die umliegenden Gemeinden bestehen. Erreichbar war sie nur per Boot oder über einen 400 Meter langen Steg, der von Seehausen über die kleine Jakobsinsel zum Westufer der Insel Wörth führte. Die hölzernen Brückenpfähle sind noch heute im flachen Wasser zu erkennen. Schließlich war der beschwerliche Weg für die Gläubigen aber nicht mehr tragbar. Die Wörther Kirche wurde abgetragen und aus den Steinen in den Jahren 1774 bis 1776 die Seehauser Pfarrkirche St. Michael errichtet. Heute befinden sich auf der Insel Wörth ein Gutshof mit Ökonomiegebäude sowie die 1838 vom Unternehmer Joseph Utzschneider gestiftete Simpertkapelle, die zu einer beliebten Hochzeitslocation avanciert ist.

Die allermeisten Bewohner der Insel sind übrigens vierbeinig, haben ein langes Fell und ausladende Hörner. Auerochsen, die als »Rasenmäher« ausgewildert wurden und ganzjährig auf der Insel leben. Ein Elektrozaun am Ufer schützt die Tiere davor, im Winter den zugefrorenen See zu betreten. Ansonsten bewegen sie sich völlig frei. Auch Mönche gibt es wieder auf der Insel – auf Lärchenstelen und zunächst in Terrakotta-, jetzt in Bronzeausführung in Form eines Denkmals unterhalb der Simpertkapelle.

Adresse Wörth im Staffelsee, 82418 Seehausen-Staffelsee | **Anfahrt** von der A 95 Ausfahrt Murnau / Kochel nach Murnau, am Kreisverkehr nach dem Tunnel nach Seehausen abbiegen, an der Seehausener Kirche links in die Dorfstraße, weiter zum Parkplatz am Ende der Johannisstraße, Bootsverleih neben dem Parkplatz | **Öffnungszeiten** nur per Ruderboot (Bootsverleih April–Okt.) oder für Gruppen ab 20 Personen mit der MS Seehausen (nur nach Reservierung bei der Staffelsee Motorschifffahrt April–Nov., Tel. 08841/628833 oder www.seehausen.net) erreichbar | **Tipp** Stopover Jakobsinsel: Wer selbst mit dem Boot nach Wörth fährt, kann auf dem Weg dorthin auch die kleinste Staffelseeinsel besuchen, auf der sich seit 2007 ein von Papst Benedikt geweihtes Kreuz befindet.

104 Die Villa Hanfstaengl

Hitlers Versteck nach dem Putschversuch von 1923

Fast wie in einem hundertjährigen Schlaf versunken wirkt das alte Tuffsteinhaus inmitten seines verwilderten Gartens. Dass sich hier vor nicht einmal 100 Jahren das Schicksal von Millionen Menschen entschieden hat, ist ihm nicht anzusehen.

Hausherr zu Beginn des 20. Jahrhunderts war der Geschäftsmann Ernst »Putzi« Hanfstaengl, der nach dem Ersten Weltkrieg mit seiner amerikanischen Frau Helene aus den USA nach Deutschland zurückgekehrt war. Auf die Bitte des befreundeten amerikanischen Militärattachés Smith hin besuchte Hanfstaengl eine politische Versammlung im Münchner Kindl-Keller. Redner war ein gewisser Adolf Hitler. Hanfstaengl war von dessen Eloquenz fasziniert, sprach ihn an, geriet in den Bann des »Führers« und wurde zu einem seiner engsten Vertrauten. Doch da er nicht alle politischen Ansichten mit ihm teilte, fiel er in Ungnade und floh 1937 in die USA. Später beriet er dort als Kriegsgefangener einen alten Kommilitonen aus Harvard: Franklin D. Roosevelt.

Von alledem war im November 1923 noch keine Rede, als in München die Bayerische Landespolizei den Hitlerputsch niederschlug. Hitler war verwundet, der Verhaftung wollte er sich durch Flucht nach Österreich entziehen. Unterwegs hatte das Auto eine Panne. Zu Fuß erreichten Hitler und sein Leibarzt die Villa Hanfstaengl in Uffing. Bereits zwei Tage später, am 11. November, stand die Polizei vor der Türe, um Hitler zu verhaften. Dieser befand sich im Obergeschoss des Hauses, bekleidet mit dem blauen Bademantel des Hausherrn – und war in depressiver Verfassung. In der Hand hatte er eine Pistole, bereit zum finalen Schuss in die Schläfe. Helene Hanfstaengl überzeugte Hitler, ihr die Pistole auszuhändigen, worauf sich Hitler mit den Worten »Tun Sie Ihre Pflicht« widerstandslos verhaften ließ.

Wie anders wäre die Geschichte verlaufen, hätte Hitler seinen Selbstmord schon in der Uffinger Villa verübt …

Adresse Rußbichlstraße 2, 82449 Uffing | **Anfahrt** von der A 95 Ausfahrt Sindelsdorf Richtung Habach, weiter nach Uffing, die Bahngleise überqueren, nach circa 750 Metern zweigt rechts die Rußbichlstraße ab | **Öffnungszeiten** nur von außen zu besichtigen | **Tipp** In der Bahnhofstraße gegenüber der Hanfstaenglvilla befindet sich das Uffinger Heimatmuseum im alten Feuerwehrhaus. Die kleine Ausstellung ist von Frühjahr bis Herbst Sa und So 15–18 Uhr sowie Mi 16–18 Uhr geöffnet.

105 St. Anna in Schöffau

Wo einst die Wallfahrt blühte

Heute nur noch Expositurkirche, war das Kirchlein von Schöffau einst das Ziel einer blühenden Wallfahrt.

Obwohl der Ort Schöffau schon in der mittleren Bronzezeit (in Oberbayern 1500–1200 vor Christus) Zentrum eines keltischen Siedlungsraums war, stammt der früheste Beleg für eine Kirche aus dem 16. Jahrhundert. Der Grund dafür ist, dass das Ur-Dorf mit dem Namen »Au« zum Bistum Staffelsee (siehe Ort 103) gehörte. Die Gläubigen mussten den Kirchgang auf die Insel Wörth mit dem Schiff (»Scheff«) bestreiten, was ihnen die Bezeichnung »Scheff-Auer« einbrachte, woraus der Ortsname Schöffau entstand. Das erste schriftliche Zeugnis der St.-Anna-Kirche ist ein Mirakel-Blatt aus dem Jahre 1517, ein im Kloster Ettal verfasstes Flugblatt zu einem wundersamen Ereignis. Ein dreijähriges Kind aus (Grafen-)Aschau hatte sich »steckenpferdreitend« verlaufen, erst nachdem sein Vater zur Schöffauer Muttergottes gepilgert war, konnte es Tage später wohlbehalten und unversehrt wieder aufgefunden werden.

Der Legende nach hatte ein Bauer die alte Marienfigur dereinst beim Pflügen gefunden und in die Kirche gebracht. Mehrere Restaurierungsversuche habe das Gnadenbild abgewehrt, es nahm keine Farbe an. »Auf dass es mehr durch sein Alter gefalle«, so der Kommentar eines Chronisten des 19. Jahrhunderts. Zu dieser Zeit war die Anzahl der Wallfahrer deutlich zurückgegangen, da sich die nahe gelegenen Wallfahrtsorte vom Hohenpeißenberg und Maria Egg noch viel wundertätiger gezeigt hatten. Als der Ortspfarrer auch noch ihn wenig ansprechende Votivgaben wie Bruchbänder oder Krücken verbrennen ließ und bei einer Kirchenrestauration 1856 auch die restlichen Votivbilder entfernt wurden, kam die Wallfahrt vollends zum Erliegen.

Nach einer neuerlichen Restauration hat die Schöffauer Muttergottes ihren Platz anstelle der einstigen Kanzel auf der Nordseite des Kirchenschiffes gefunden.

Adresse Kirchplatz 1, 82449 Uffing–Schöffau | **Anfahrt** von der A 95 Ausfahrt Sindelsdorf Richtung Habach, weiter nach Uffing. Ort durchqueren und über die Gemeindestraße GAP 2 nach Schöffau | **Öffnungszeiten** immer tagsüber (außer während Gottesdiensten) | **Tipp** Neben dem ehemaligen Feuerwehrhaus am Kirchplatz, der auch das Dorfmuseum beherbergt, befindet sich ein aufklappbarer Schaubienenkasten, in dem das Leben im Inneren eines Bienenvolks zu entdecken ist.

106 Die Kapelle im Winkl

Rosenkranz-Betkugeln zur stillen Einkehr

Wie als Vorposten des nördlich gelegenen Pfaffenwinkels ist das Ammertal für seine Vielzahl an alten wie auch neueren Kapellen und Bildstöcken bekannt, vor allem rund um Unterammergau. Beidseitig der Ammer verläuft hier der Unterammergauer Kapellen- und Marterlweg, der etwa 80 dieser Flurdenkmäler der Gemeinde miteinander verbindet.

Auf diesem Rundweg steht zwischen Unterammergau und dem Ortsteil Scherenau die »Kapelle im Winkl« etwas versteckt am Waldrand unter zwei ausladenden Linden. Sie wurde Mitte des 19. Jahrhunderts erbaut und ist dem heiligen Nikolaus von Myra als Patron der Wetzsteinmacher geweiht. Regionaltypisch befindet sich direkt vor der Kapelle eine kleine Betbank, die exakt so positioniert ist, dass die Holzstatue des Heiligen ihren Blick auf den Betenden schräg unter sich gerichtet hat.

Die eigentliche Besonderheit der Kapelle im Winkl ist ein in Griffweite der Betbank am Eisengitter der Frontseite angebrachter Metallbügel mit fünf darauf beweglichen Holzkugeln, der ein bisschen an einen Rechenschieber erinnert. Es sind sogenannte »Rosenkranz-Betkugeln«, wie sie in Südtirol häufig zu finden sind. Der Rosenkranz ist eine katholische Andachtsform, die aus einer festgelegten Abfolge von einzelnen Gebeten besteht. An 55 Perlen oder Holzkugeln, die in Form von fünf Gesätzchen mit jeweils einer großen und zehn kleinen Kugeln angeordnet sind, werden die Gebete abgezählt. Die Mindestanzahl zum Durchzählen eines Rosenkranzes sind fünf Kugeln. Gleichzeitig bezieht sich die Zahl fünf auf die »Rosenkranz-Geheimnisse«, eine mystische Auslegung des Gebets.

Im Alpenraum ist der Rosenkranz ein wichtiger Bestandteil der Volksfrömmigkeit, Belege von Rosenkranz-Betkugeln sind jedoch selten. Nördlich der Alpen gibt es sie nur noch an der Unterammergauer Kapelle sowie in der nahe gelegenen St.-Blasius-Kirche von Hagen bei Murnau.

Adresse bei 82497 Unterammergau | **Anfahrt** vom Autobahnende A 95 über Oberau nach Unterammergau, hinter Unterammergau rechts nach Scherenau abbiegen, auf der Scherenauer Straße wieder zurück Richtung Unterammergau, Parkmöglichkeit an einem Stadel nach 800 Metern, halb rechts Forststraße in südlicher Richtung folgen (Beschilderung »Jugendheim«), Kapelle nach 650 Metern auf der rechten Seite | **Öffnungszeiten** immer frei zugänglich | **Tipp** Ein weiteres seltenes Relikt alter Volksfrömmigkeit ist das Arma-Christi-Kreuz an einem denkmalgeschützten Getreidekasten in Schererau. Neben Ketten und Kreuznägeln sind auch Dornenkrone und Soldatenlanzen am übermannshohen Kreuz angebracht (Scherenau 5).

107 Das Schleifmühlenmuseum

Im Reich der Steinhaigl

Die Geschichte der Unterammergauer Wetzsteinmacherei begann vor 200 Millionen Jahren. Als sich in der Jurazeit in den Senken eines urzeitlichen Ozeans Schichten von einzelligen Strahlentierchen ablagerten, bildete sich daraus im Bereich zwischen Ohlstadt im Westen und Schwangau im Osten eine feste Gesteinsschicht mit hohem Kieselsäuregehalt und besonders ausgeprägten Kristallinstrukturen. Weiter geschrieben wurde die Geschichte erst im 15. Jahrhundert unserer Zeitrechnung, als kundige Bergleute genau dieses Gestein zum Schärfen ihrer Schürfgeräte und Sensen entdeckten. Mitte des 19. Jahrhunderts gab es rund um Unterammergau über 50 Steinbrüche und etwa genauso viele Schleifmühlen, in denen die geförderten Steine zu Wetzsteinen verarbeitet wurden.

Das Geschäft war hart – viele der Steinhaigl genannten Wetzsteinmacher starben an den Folgen einer Staublunge, noch bevor sie das 55. Lebensjahr erreicht hatten –, aber einträglich. Allein die Wetzsteinherstellung sicherte den kinderreichen Familien das Überleben. Doch nach der Erfindung eines wesentlich billigeren, synthetischen Ersatzmaterials sank die Nachfrage an Unterammergauer Wetzsteinen, und nach dem Zweiten Weltkrieg schloss auch die letzte verbliebene Schleifmühle. Das Ende einer Ära.

Eine der Schleifmühlen wurde an ihrem alten Standort in der Schleifmühlklamm abgetragen und als Museum wieder aufgebaut. Neben der liebevoll ausgestatteten Mühlenhütte mit viel Originalinventar umfasst das Schleifmühlenmuseum zudem eine Beckhütte, in der die Wetzsteinrohlinge auf das richtige Format zugeschlagen, »gebeckt«, wurden. Eindrucksvollstes Ausstellungsstück ist das Wasserrad mit seinem gewaltigen Durchmesser von 3,5 Metern. An den Öffnungstagen des Museums wird es um 11 Uhr in Betrieb genommen, um die Transmission in der Mühlenhütte anzutreiben.

Adresse Liftweg 2, 82497 Unterammergau, www.schleifmuehle.net/museum.html | **Anfahrt** vom Autobahnende A 95 über Oberau nach Unterammergau, dort rechts in die Dorfstraße und gleich wieder rechts in den Liftweg, Wanderparkplatz am Ende des Liftwegs | **Öffnungszeiten** April–Okt. Mi–So ab 11 Uhr | **Tipp** An das Schleifmühlenmuseum ist der Gasthof Schleifmühle angeschlossen, der vor allem im Sommer mit seinem gemütlichen und aussichtsreichen Biergarten zu bayerischen Schmankerln einlädt (Mi–So ab 11 Uhr, durchgehend warme Küche).

108 Der Wimpel vom Pürschling

Wie die Karakorums-Trophäe nach Werdenfels kam

Um eine der großen Trophäen aus der Geschichte des Bergsteigens ins Werdenfelser Land zu bringen, bedurfte es einer Aneinanderreihung günstiger Umstände. Am 26. Oktober 1919 unterzeichnete die Alpenvereinssektion Bergland den Pachtvertrag für die ehemaligen Jagdhäuser von König Maximilian II. am Pürschling. Die größte der Hütten wurde zur bewirtschafteten Unterkunftshütte, dem heutigen August-Schuster-Haus, ausgebaut.

Gut 30 Jahre später brachte der Sektionsgründer August Schuster den nächsten Stein ins Rollen. Bergsteigerlegende Luis Trenker hatte ihm einen jungen Tiroler Bergführer als Verkäufer und Ausrüstungsberater für sein Münchner Sportgeschäft vorgestellt. Der Unternehmer war so von dem Nachwuchstalent begeistert, dass er ihn 1952 spontan mit zur Bergländer-Weihnachtsfeier nahm und als neues Mitglied vorstellte. Der Name des jungen Tirolers? Er hieß Hermann Buhl und sollte im Folgejahr mit der Erstbesteigung des Nanga Parbat (8.125 Meter) Alpingeschichte schreiben. Seine zweite Himalayaexpedition unternahm Buhl 1957. Gemeinsam mit dem Bergländer Sektionskameraden Kurt Diemberger gelang ihm am Pfingstsonntag die Erstbesteigung des Broad Peak (8.051 Meter). Wie schon am Nanga Parbat trug Buhl einen Wimpel seiner Alpenvereinssektion zum Gipfel hinauf. Es war der letzte Gipfel Herrmann Buhls. Keine drei Wochen später stürzte er bei einem Besteigungsversuch an der Chogolisa (7.668 Meter) ab. Seine Leiche wurde nie gefunden.

Noch heute würdigt die Sektion Bergland ihr großes Mitglied, besonders stolz ist sie auf ein ganz besonderes Erinnerungsstück: Der Bergländerwimpel, den Buhl kurz vor seinem Tod voller Freude auf dem Broad Peak geschwenkt hatte. Seit damals ziert er die Gaststube des August-Schuster-Hauses, in der auch der unvergessene Buhl so manches Mal eingekehrt war.

Adresse August-Schuster-Haus (1.564 Meter), Pürschlingweg, 82497 Unterammergau, Tel. 08822/3567, www.dav-bergland.de/augustschusterhaus.html | **Anfahrt** vom Autobahnende A 95 über Oberau nach Unterammergau abbiegen, dort rechts in die Dorfstraße und gleich wieder rechts in den Liftweg, Wanderparkplatz am Ende der Forststraße, zu Fuß zu den Pürschlinghäusern (beschildert) | **Öffnungszeiten** ganzjährig außer April und Nov. | **Tipp** Im Winter ist die Forststraße zu den Pürschlinghäusern bei entsprechender Schneelage als Rodelbahn präpariert, mit einer Länge von 8,6 Kilometern eine der längsten Rodelbahnen Oberbayerns.

109_Die Kappelkirche

Uraltes Kirchlein auf keltischem Heiligtum?

Die Kappelkirche bei Unterammergau wird zwar »erst« 1450 urkundlich erwähnt, ihre Gründung reicht aber so weit zurück, dass sie nicht mehr exakt datiert werden kann. Die Ausrichtung der Kirche mit dem Altar nach Nordosten anstatt der üblicherweise exakten Ostung spricht für die These eines vorchristlich-keltischen Heiligtums als Fundament, das – typisch für naturreligiöse Kultstätten – auf die Position des Sonnenaufgangs zur Wintersonnwende hin ausgerichtet war. Ein Punkt im Sonnenlauf des Jahres, der in Verbindung mit Tod und einem neuen Leben steht.

Um solch alte Orte spinnen sich häufig wild ausgeschmückte Legenden: Der Welfenfürst Eticho soll sich hierher um das Jahr 900 aus Kummer über seinen Sohn als Einsiedler zurückgezogen haben. Später habe ihm eine Welfenprinzessin namens Judith in ihrem Brautschatz eine Phiole Heiligen Blutes gebracht – das passend zur ehedem naturreligiösen Ausrichtung des Ortes die christliche Symbolik von Tod und Wiedergeburt in sich trägt! Die Reliquie wurde durch »wunderbare Ereignisse« bald zum Gegenstand großer Verehrung und begründete die Wallfahrt zur Kappelkirche.

Neben Wallfahrten zum Heiligen Blut in der Kreuzwoche vor Christi Himmelfahrt berichten Quellen aus dem 19. Jahrhundert zudem von Wallfahrten zum Magdalenentag (22. Juli). Verwunderlich, da heute der Viehheilige St. Leonhard das Kirchenpatrozinium innehat, zu dessen Ehren ein alljährlicher Leonhardiritt stattfindet. Auch baulich erfuhr die Kirche über die Jahrhunderte viele oft radikale Umgestaltungen. 1618 wurde das heutige Langhaus an die bestehende Kapelle angefügt, 2003 bis 2005 das Innere neu konzipiert.

Dass die Kappelkirche überhaupt noch steht, ist nur den couragierten Unterammergauern zu verdanken, die sich vehement gegen einen Abriss der nach der Säkularisierung als unwichtig eingestuften Kappelkirche gewehrt haben.

Adresse Kath. Filialkirche Hl. Blut, Kappel 2, 82497 Unterammergau-Kappel | **Anfahrt** vom Autobahnende A 95 über Oberau nach Unterammergau, nach der Ortsdurchfahrt rechts auf den Parkplatz unterhalb der Kappelkirche | **Öffnungszeiten** tagsüber | **Tipp** Vom Kappel-Parkplatz führt ein aussichtsreicher Rundwanderweg vom Süden her über Hinteres Hörnle, Schatzloch (siehe Ort 4) und wieder zurück.

110_St. Jakob in Wallgau

Station auf dem Weg nach Santiago de Compostela

Die Wallfahrt zum Grab des Apostels Jakobus im spanischen Santiago de Compostela reicht zurück bis ins Mittelalter, ihre heute noch begangene Route entstand in der ersten Hälfte des 11. Jahrhunderts. Ein weites Netz von Zubringerwegen führte die Pilger zur Hauptroute von den Pyrenäen nach Santiago. Einer dieser Wege verlief von München aus via Kloster Schäftlarn und Walchensee auf der alten Römerstraße Via Raetia (siehe Ort 66) zum Kloster Stams in Tirol und von dort aus über das Schweizer Kloster Einsiedeln nach Spanien.

Es muss ein erhebender Anblick für die Pilger gewesen sein, wenn sich kurz nach dem Walchensee vor ihren Augen das Karwendelmassiv bis in den Himmel schob und davor gleichermaßen wie ein himmlisches Versprechen das Kirchlein Sankt Jakob zu Wallgau.

Die erste Jakobskirche in Wallgau ist für das Jahr 1295 verbrieft, sie war aber schon bald zu klein für den Andrang an Pilgern. Zahlreiche verschachtelte An- und Ausbauten im Laufe der Zeit zeugen davon, dass sie immer unter Zeitdruck vergrößert werden musste. So ist Sankt Jakob zwar dafür ausgelegt, viele Gläubige aufzunehmen, im Grunde aber eine Dorfkirche geblieben. Typisch bayerisch mit einer schmucken Zwiebelhaube aus dem 15. Jahrhundert auf ihrem Turm … der seltsamerweise im unteren Teil quadratisch ist, aber weiter oben in ein Achteck übergeht. Ungewöhnlich ist auch die gemalte, zeigerlose Uhr auf dem Chorbogen im Kircheninneren. Eingerahmt von Darstellungen des heiligen Antonius mit Christuskind und Franz von Assisi im Moment seiner Erleuchtung, weist sie auf die Vergänglichkeit alles Irdischen hin. Ganz klassisch ist dagegen die Ausführung des Hochaltars mit einer Darstellung des heiligen Jakobus als Patron der Reisenden mit Wanderstab und einem Buch als Apostelsymbol aus dem Jahre 1683. Der Kirchenpatron ziert als Schnitzfigur auch den linken Seitenaltar vor dem Bild der Heiligen Familie.

Adresse Dorfplatz 9, 82499 Wallgau, www.st-jakob-wallgau.de | **Anfahrt** A 95 Ausfahrt Murnau/Kochel, über die Kesselbergstraße nach Wallgau, Parkplatz im Ortszentrum direkt vor der Kirche | **Öffnungszeiten** immer tagsüber (außer während Gottesdiensten) | **Tipp** Direkt gegenüber der Kirche befindet sich das Hotel »Zur Post«, in dem schon Johann Wolfgang von Goethe, Heinrich Heine und das Schauspielerehepaar Liz Taylor/Richard Burton übernachteten. Nicht nur die Lüftlmalerei des Hauses mit fast 400-jähriger Gastwirtschaftstradition ist eine Besonderheit, sondern auch die Auswahl und Qualität an frisch zubereiteten bayerischen Gerichten (Dorfplatz 6, www.posthotel-wallgau.com).

111 Der Wildsee

Der schwarze Moorsee und die Rache der Bergfee

Dunkel spiegelt sich der Himmel auch an den sonnigsten Tagen im tiefen Schwarz des Wildsees hoch über Wallgau. Eine typische Färbung für Moorseen, die jedoch nur sehr selten in Höhen von 1.400 Metern über Normalnull und noch seltener in Karstlandschaften wie dem Estergebirge vorkommen. Vielleicht liegt die Schwärze aber nicht nur an der Geologie des Wildsees, sondern auch an der Legende, die sich um seine Entstehung rankt.

Einem jungen Hirten aus Grainau soll einst am Hammersbach ein Bergfräulein zu Hilfe gekommen sein, als er seine Herde gegen einen Bären verteidigte. Sein Herz entflammte für das schöne Wesen, und willig folgte er ihr in ihr Felsenreich, einmal und dann immer wieder. Sie verlangte nichts von ihm, außer dass er niemandem von ihr erzählen dürfe und nie mehr das Wild stelle. Doch als er schwer erkrankte, brach er im Fieber sein erstes Versprechen. Danach war ihm das Felsentor verschlossen, jedes Unglück verfolgte ihn, und im Hause seiner Mutter zog der Hunger ein. Von Zorn und Schmerz erfüllt ging er hinauf in die Berge, den Stutzen schussbereit, und tatsächlich traf er auf einer Lichtung südlich des Simetsbergs auf ein herrliches Tier. Kaum hatte er seinen Schuss abgegeben, bebte die Erde, und es tat sich unter seinen Füßen ein Abgrund auf, aus dem ein schwarzer Strudel aufstieg und ihn hinabriss. Von der Höhe der Felsen aus sah die betrogene Bergfee zu, wie sich über die Senke, in der der Frevel geschehen war, tiefschwarzes Wasser breitete.

Ein Besuch an den stillen schwarzen Wassern des Wildsees gehört zu den faszinierendsten Erlebnissen im Werdenfelser Land. Das Moor rund um den kleinen See, der kaum so groß ist wie ein Fußballfeld, scheint jedes Geräusch zu verschlucken. Direkt an den See im Felsenkessel von Simetsberg, Klaffen und Hoher Kiste gelangt man nur an seiner Westseite, wo sich eine blumenreiche Feuchtwiese an das Ufer anschließt.

Adresse bei 82499 Wallgau | **Anfahrt** A 95 Ausfahrt Murnau/Kochel, über die Kesselbergstraße nach Wallgau, Parkplatz kurz vor dem Ortseingang, Weg Nummer 471 in nordwestlicher Richtung folgen, er führt über eine Forststraße und einen Waldsteig zum Wildsee | **Öffnungszeiten** bei Schneefreiheit immer zugänglich | **Tipp** Wer beim Abstieg den Weg über die Neuglägeralm und die Forststraße wählt (Weg Nummer 473 und 470), kommt direkt am Hohen Wasserfall von Wallgau vorbei. Als einer der größten Wasserfälle Bayerns überwindet er in mehreren Stufen einen Höhenunterschied von mehr als 100 Metern. Eine schattige Aussichtsbank steht vor dem Wasserfall (Ausschilderung von der Forststraße).

1
Schönberg
Schöffau
105
Steingaden
Wildsteig
Ammer
2
1
Bad Bayersoien
3
Saulgrub
101
Bad Kohlgrub
Grafenaschau
Altenau
Hörnle
1548 m
102
4
100
106
109
Großer
Aufacker
1542 m
Unterammergau
107
Oberammergau
86
88
85
Große
Klammspitz
1925 m
108
87
Graswang
11
Ettal
Oberau
90
89
Kienjoch
1953 m
12
15
13
Farchant
Loisach
Geierköpfe
2161 m
10
Kramerspitz
1985 m
31
Burgrain
25
42
28
3
4
Garmisch-
Partenkirchen
Grainau
36
Griesen
55
Hammers-
bach
26
56
53
Eibsee
52
51
ÖSTERREICH
54
50
44
48
Zugspitze
2962 m
Alpspitze
2628 m
16
49
Obergarten
Ehrwald
Hochwanner
2746 m
Lermoos
19

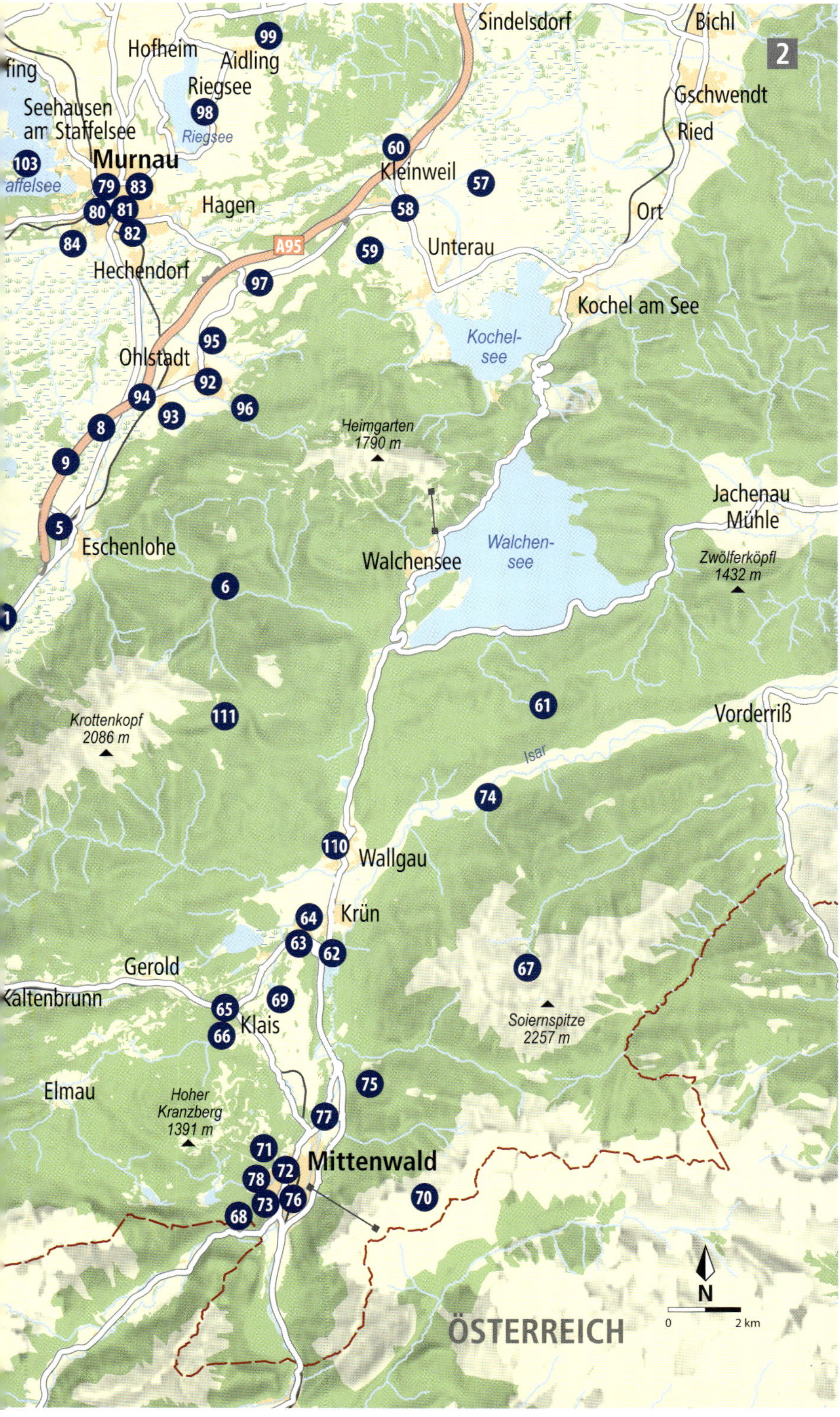

2
Sindelsdorf
Bichl
Hofheim
Aidling
Riegsee
Riegsee
Seehausen am Staffelsee
Murnau
Staffelsee
Gschwendt
Ried
Kleinweil
Hagen
Ort
Unterau
A95
Hechendorf
Kochel am See
Kochelsee
Ohlstadt
Heimgarten 1790 m
Eschenlohe
Walchensee
Walchensee
Jachenau Mühle
Zwölferköpfl 1432 m
Krottenkopf 2086 m
Vorderriß
Isar
Wallgau
Krün
Gerold
Kaltenbrunn
Klais
Soiernspitze 2257 m
Elmau
Hoher Kranzberg 1391 m
Mittenwald
ÖSTERREICH
N
0
2 km
99
98
103
60
57
79
83
80
81
58
82
84
59
97
95
92
94
93
96
8
9
5
6
111
61
74
110
64
63
62
67
65
69
66
75
77
71
72
78
73
76
70
68

3
Burgstraße
30
23
Alleestraße
Parkstraße
Kurpark
Grasbergstraße
45
32
37
Loisachstraße
Promenadestraße
Am Kurpark
27
21
Loisach
Maximilianstraße
33
Marien-
platz
Zugspitzstraße
Alpspitzstraße
Sankt-Martin-Straße
Klammstraße
20
Alpspitzstraße
Sankt-Martin-Straße
Riesserkopfstraße
Hausber
Riess
Hausbergbahn
Riessersee
N
0
150 m
22

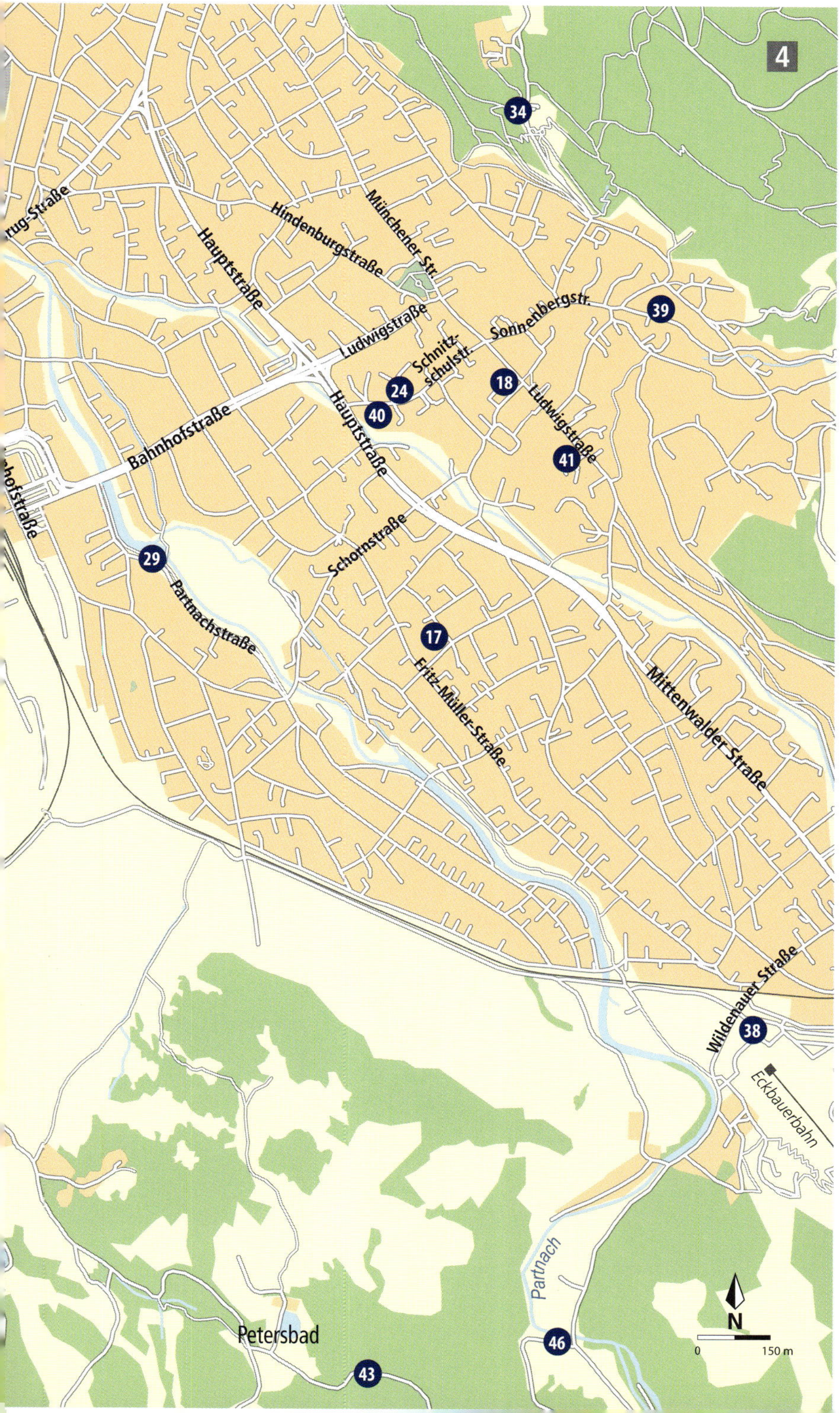
34
rug-Straße
Hindenburgstraße
Münchener Str.
Hauptstraße
Ludwigstraße
Sonnenbergstr.
39
Schnitz-
schulstr.
24
40
18
Ludwigstraße
41
Bahnhofstraße
hofstraße
Hauptstraße
Schornstraße
29
Partnachstraße
17
Fritz-Müller-Straße
Mittenwalder Straße
Wildenauer Straße
38
Eckbauerbahn
Partnach
N
0
150 m
Petersbad
46
43

Dorothee Fleischmann,
Carolina Kalvelage
111 Orte in Budapest, die man gesehen haben muss
ISBN 978-3-95451-744-2

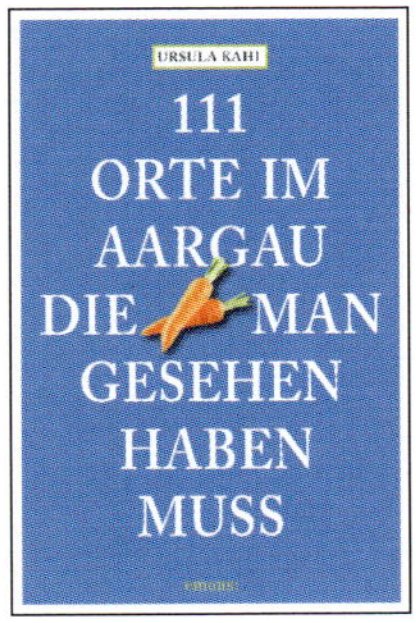

Ursula Kahi
111 Orte im Aargau, die man gesehen haben muss
ISBN 978-3-95451-537-0

Christian Löhden
111 Orte in Graubünden, die man gesehen haben muss
ISBN 978-3-95451-514-1

Oliver Schröter, Falk Saalbach
111 Orte in Zürich, die man gesehen haben muss
ISBN 978-3-95451-538-7

Cornelia Lohs
111 Orte in Bern, die man gesehen haben muss
ISBN 978-3-95451-669-8

Giulia Castelli Gattinara,
Mario Verin
111 Orte in Mailand, die man gesehen haben muss
ISBN 978-3-95451-617-9

Cornelia Ziegler,
Chris Sindermann
111 Orte auf Kreta, die man gesehen haben muss
ISBN 978-3-95451-540-0

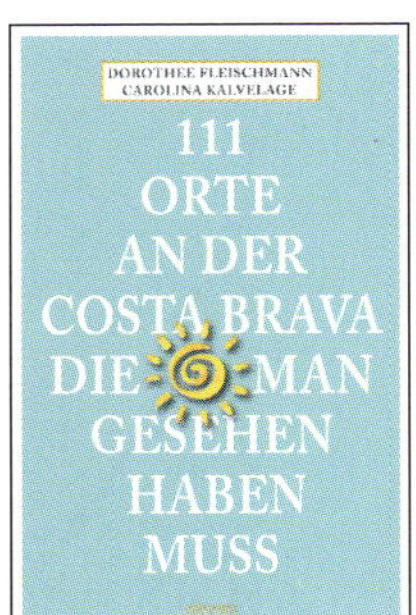

Dorothee Fleischmann,
Carolina Kalvelage
111 Orte an der Costa Brava, die man gesehen haben muss
ISBN 978-3-95451-561-5

Cornelia Ziegler
111 Orte im Allgäu, die man gesehen haben muss
ISBN 978-3-95451-343-7

Ralf Nestmeyer
111 Orte an der Côte d'Azur, die man gesehen haben muss
ISBN 978-3-95451-563-9

Uwe Ramlow
111 Orte im Tessin, die man gesehen haben muss
ISBN 978-3-95451-840-1

Marion Rapp
111 Schätze der Natur rund um den Bodensee, die man gesehen haben muss
ISBN 978-3-95451-619-3

Gerd Wolfgang Sievers
111 Orte in Venedig, die man gesehen haben muss
ISBN 978-3-95451-352-9

Dietlind Castor
111 Orte am Bodensee, die man gesehen haben muss
ISBN 978-3-95451-063-4

Petra Sophia Zimmermann
111 Orte am Gardasee und in Verona, die man gesehen haben muss
ISBN 978-3-95451-344-4

Marcus X. Schmid,
Halûk Uluhan
111 Orte in Istanbul, die man gesehen haben muss
ISBN 978-3-95451-333-8

Christiane Bröcker,
Babette Schröder
111 Orte in Stockholm, die man gesehen haben muss
ISBN 978-3-95451-203-4

Marcus X. Schmid,
Michel Riethmann
111 Orte in Luzern und rund um den Vierwaldstättersee, die man gesehen haben muss
ISBN 978-3-95451-917-0

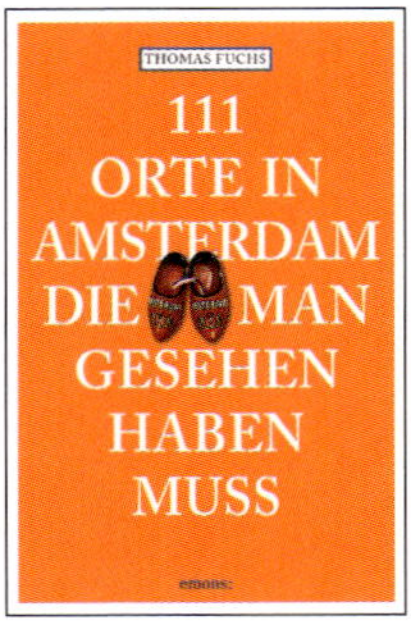

Thomas Fuchs
111 Orte in Amsterdam, die man gesehen haben muss
ISBN 978-3-95451-209-6

Annett Klingner
111 Orte in Rom, die man gesehen haben muss
ISBN 978-3-95451-219-5

John Sykes, Birgit Weber
111 Orte in London, die man gesehen haben muss
ISBN 978-3-95451-117-4

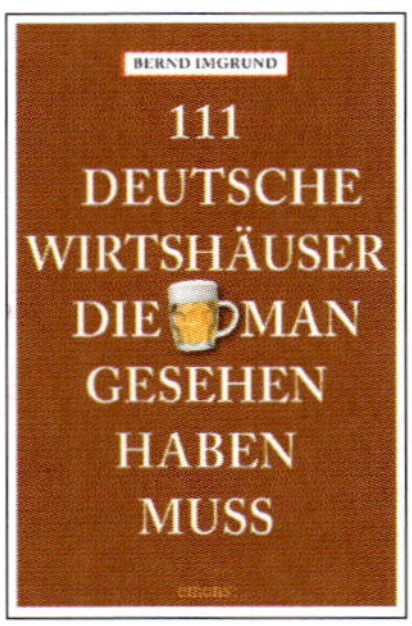

Bernd Imgrund
111 deutsche Wirtshäuser, die man gesehen haben muss
ISBN 978-3-95451-080-1

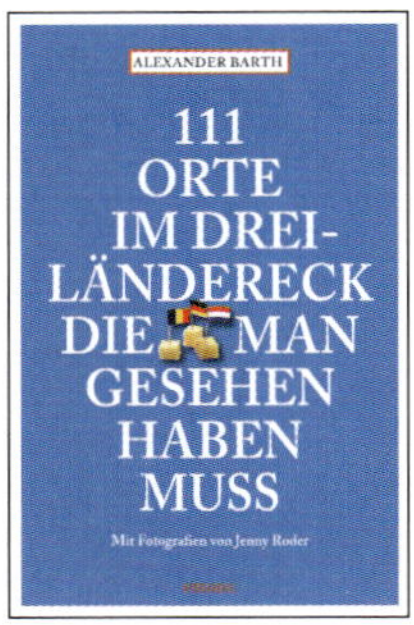

Alexander Barth, Jenny Roder
111 Orte im Dreiländereck, die man gesehen haben muss
ISBN 978-3-95451-316-1

Gerald Polzer, Stefan Spath
111 Orte in Graz, die man gesehen haben muss
ISBN 978-3-95451-466-3

Stefan Spath
111 Orte in Salzburg, die man gesehen haben muss
ISBN 978-3-95451-114-3

Barbara Krull
111 Orte im Elsass, die man gesehen haben muss
ISBN 978-3-95451-596-7

Peter Eickhoff, Karl Haimel
111 Orte in Wien, die man gesehen haben muss
ISBN 978-3-89705-969-6

Rike Wolf
111 Orte in Hamburg, die man gesehen haben muss
ISBN 978-3-89705-916-0

Rüdiger Liedtke
111 Orte auf Mallorca, die man gesehen haben muss
ISBN 978-3-89705-975-7

Lucia Jay von Seldeneck, Verena Eidel, Carolin Huder
111 Orte in Berlin, die man gesehen haben muss
ISBN 978-3-89705-853-8

Rüdiger Liedtke
111 Orte in München, die man gesehen haben muss
ISBN 978-3-89705-892-7

Lucia Jay von Seldeneck, Verena Eidel, Carolin Huder
111 Orte in Berlin, die man gesehen haben muss
Band 2
ISBN 978-3-95451-207-2

Bernd Imgrund, Britta Schmitz
111 Kölner Orte, die man gesehen haben muss
Band 1
ISBN 978-3-89705-618-3

Bernd Imgrund, Britta Schmitz
111 Kölner Orte, die man gesehen haben muss
Band 2
ISBN 978-3-89705-695-4

Marx de Morais
111 Orte in Turin und im Piemont, die man gesehen haben muss
ISBN 978-3-95451-736-7

Mercedes Korzeniowski-Kneule
111 Orte in Basel, die man gesehen haben muss
ISBN 978-3-95451-702-2

Danksagung

Die Autorin bedankt sich herzlich bei allen Personen und Institutionen, die sie mit Informationsmaterial, vielen Tipps und vor allem auch mit gemeinsamen Erkundigungstouren unterstützt haben. Ihr Dank gilt vor allem:
Dr. Melanie Bauer, Freilichtmuseum Glentleiten; Ralph Eder, DSV-Pressestelle; Maria Gschwendtner, Mittenwald; Siegfried Fischer, Stadtwerke München; Veronika Grasegger, Krün; Rudi Haller, Mittenwald; Dr. Marion Hruschka, Marktarchiv Murnau am Staffelsee; Josef Maier, Bad Bayersoien; Pfarramt St. Peter und Paul, Mittenwald; Stefan Schuhbauer, DAV-Sektion Bergland; Peter Schwarz, Grainau; Fam. Steigenberger, Eschenlohe; Claire und Luis Süßmuth, Gauting; Adolf Triller, Germering; Pirmin Weis, Edesheim; Dr. Christian Wolf, Richard-Strauss-Institut, und Franz Würzinger, Eschenlohe.
Ein besonderer Dank geht auch an Saskia Römer für das engagierte und konstruktive Lektorat.

Die Autorin

Astrid Süßmuth, Jahrgang 1972, ist Vertriebsingenieurin, Heilpraktikerin und Autorin verschiedener Bücher und Fachpublikationen zu den Themen Kräuterkunde, Wandern und Brauchtum im Alpenraum. Die begeisterte Bergsteigerin lebt mit ihrer Familie in Oberbayern. www.astridsuessmuth.de